MENSAGENS
e
INSTRUÇÕES

EDGARD ARMOND

MENSAGENS
e
INSTRUÇÕES

para Trabalhadores, Aprendizes e Discípulos

Editora Aliança

2ª edição, ago/2001, do 3º ao 7º milheiro

Título
MENSAGENS E INSTRUÇÕES
Copyright 1980

Autor
Edgard Armond

Revisão
Maria Vieira de Freitas

Editoração
MMS

Capa
Elifas Alves

Impressão
Yangraf Gráfica e Editora Ltda.

ficha catalográfica

Armond, Edgard, 1894-1982
A763m Mensagens e Instruções / Edgard Armond
2ª edição - São Paulo: Editora Aliança - 2001
160 págs.

1. Espiritismo 2. Religião I. Título

CDD - 133.9

EDITORA ALIANÇA

Rua Francisca Miquelina, 259 - Bela Vista - São Paulo - SP
CEP 01316-000 - Fone: (0xx11) 3105.5894 - Fax: (0xx11) 3107.9704
www.alianca.org.br e-mail: alianca@alianca.org.br

ÍNDICE

Apresentação 7

1 Colaboradores FEESP, Set/1972 9
2 Aprendizes FEESP, Out/1972 13
3 Servidores FEESP, Jun/1973 15
4 Novas EAE, Out/1973 19
5 17ª Turma EAE, FEESP, Dez/1973 21
6 4ª Turma "Seara Bendita" 25
7 C.E. Aprendizes do Evangelho, 1973 27
8 C.E. Mar del Plata, Ago/1974 31
9 EAE C.E. Perseverança, Mar/1974 33
10 1ª EAE C.E. Aprendizes do Evangelho, 1974 35
11 Casa de Crianças Nosso Lar, 1974 37
12 1ª EAE da Argentina, 1974 41
13 EAE Grupo Razin, 1974 47
14 Servidores de diversos Grupos 49
15 Aprendizes de São Bernardo do Campo, 1974 51
16 3ª Turma Grupo Razin da Aliança, 1974 55
17 21ª Turma EAE FEESP, 1974 57
18 Dirigentes e Trabalhadores da Argentina 61
19 Alunos dos Cursos de Médiuns, 1975 63
20 Servidores CEAE da Aliança, Set/1975 67
21 Trabalhadores da Aliança, 1975 69
22 Médiuns em geral, 1975 71
23 Dirigentes de Turmas, 1975 73
24 Dirigentes Escolas e Cursos de Médiuns, 1975 ... 77
25 2ª Reunião Fraternização da Aliança, Dez/1975 .. 79

26 A Hora Presente, Fev/1975 81
27 Aprendizes do C.E.A.E., 1975 85
28 Reunião da Aliança, Destinação do Brasil, 1975 ... 87
29 Organização das Casas Espíritas, 1975 91
30 Conclusão da 18ª Turma FEESP, Dez/1975 93
31 EAE Grupo Tarefeiros do Senhor, 1975 97
32 Novas Turmas Grupo Razin, Mar/1975 99
33 Reunião de Dirigentes da Aliança, 1975 101
34 Reunião Regional da Aliança, 1976 103
35 1ª Aula Grupo Tarefeiros do Senhor, Mar/1976 . 105
36 3ª Reunião Interestadual da Aliança, Mar/1976 . 107
37 1ª EAE "Casa do Caminho", 1977 109
38 Grupos Integrados da Aliança, Set/1977 111
39 Turmas G.I. passando à FDJ, Dez/1977 115
40 4º Ano da AEE, Dez/1977 117
41 Reunião Geral da Aliança, 1977 121
42 20º Aniv. Lar Amor Cristão, 1977 125
43 Consolidação das Bases da Aliança, 1977 129
44 Grupos Integrados da Aliança, 1977 133
45 Alterações em trabalhos práticos, 1977 135
46 Reunião Fraternização da Aliança, Mar/1978 137
47 Reunião Anual AEE, 1978 139
48 Reunião FDJ, Jul/1979 141
49 1º Aniv. G.E. Operários da Espiritualidade, 1980 .. 151
50 Reunião anual da FDJ, Jun/1980 153

Apresentação

Este livro inclui mensagens sobre assuntos doutrinários e, mais especialmente, palavras de congratulações e estímulo a comemorações e cerimônias ocorridas em centros e grupos espíritas, na sua maior parte referentes às Escolas de Aprendizes do Evangelho e de Médiuns, da Federação Espírita do Estado de São Paulo — FEESP — e da Aliança Espírita Evangélica, a partir de 1972.

As mensagens dirigidas às escolas e aos trabalhadores em geral da FEESP, no período de 1972 e 1973, são aqui incluídas para indicar também a inexistência de separações e a realidade do simples prosseguimento ou extensão de atividades individuais na seara do Divino Mestre, sob cuja inspiração se realizam os esforços comuns e meritórios de seus seguidores.

São Paulo, junho de 1980

O Autor

1

Mensagem aos colaboradores em geral da Federação Espírita do Estado de São Paulo, na reunião de Setembro de 1972.

Caros companheiros de lides espirituais:

Não tendo podido, por motivo de saúde, atender ao convite recebido queremos, em primeiro lugar, congratular-nos com os devotados Dirigentes do Departamento de Divulgação pela importante iniciativa tomada no setor de Doutrina de promover esta reunião geral de trabalhadores da Casa, visando a mais formal e objetiva confraternização.

Alegramo-nos por ver que assim se cultuam as tradições administrativas da Casa e se restabelece, de uma forma mais atualizada, medida idêntica adotada no passado, cujos resultados foram por muitos anos os mais proveitosos e úteis possíveis, muito concorrendo, também, para a harmonização, o equilíbrio e a unidade funcionais das diferentes atividades, tanto na sua vida interna, como no intercâmbio indispensável com o Plano Espiritual Superior.

O vulto dessas atividades sempre crescente e a complexidade dos seus desdobramentos atuais não devem, em boa análise, depender de arbítrios isolados e promoções unilaterais, por melhor dirigidas que sejam, porque seus efeitos nem sempre resultarão adequados e serão conformes, no final, às conveniências administrativas, aos entrosamentos funcionais e às exigências da expansão doutrinária; às necessidades gerais do conjunto, que deve vibrar em uníssono, no tom e no ritmo, em face dos programas elaborados, para serem atingidas metas parciais predeterminadas, em tempo prefixado, obtidos sempre com o concurso harmônico e diligente de todos os elementos da organização.

Segundo penso, esta reunião terá franco êxito e razões ainda maiores de louvores — além da fraternização desejada, própria, aliás, de toda Casa Espírita bem dirigida, para conseguir propiciar uma unidade ampla de compreensão, de sentimentos e de disposição individual para um deliberado esforço comum bem conduzido e, mais que isso, se puder valer como um autocompromisso de sustentação nessa linha de harmonia e unidade, dos Órgãos estruturais da Federação, notadamente, do triângulo formado pelos seus três pilares fundamentais, que são, como todos sabem, **a Escola de Aprendizes do Evangelho e seus complementos, a Escola de Médiuns e os Organismos de Assistência Espiritual e Material** de adeptos, freqüentadores e necessitados em geral.

Conjugados os esforços gerais em torno destes altos objetivos, podemos então afirmar que a Doutrina terá realmente encontrado nesta Casa seu fulcro de ação mais seguro, seu mais poderoso foco de irradiação de elementos necessários à vitória do Espiritismo em nosso Estado.

O complexo organizativo formado: a) pelos departamentos, como Órgãos que são dos contatos avançados da execução; b) pelas diretorias de áreas, como Órgãos de planejamento e condução; c) pela diretoria executiva, como Órgão responsável perante o Conselho pelo controle e apreciação dos resultados e das atividades gerais; esse entrosamento, não obstante, ainda poderia favorecer o desequilíbrio funcional e o atraso da ação do conjunto se não estabelecesse a harmonia e a unidade indispensáveis. E para essa consecução, reuniões deste tipo que hoje aqui se realiza serão um dos mais adequados e úteis fatores, concorrendo ainda mais para o afastamento de possibilidades de desvios para o lado de interesses pessoais, da rotina estagnadora e dos desentendimentos funcionais.

Atingidos estes pontos altos da administração, então se poderia ver como o esforço dos trabalhadores, fortemente conjugados e amparados pelo Alto, resultará em atividades e realizações grandemente construtivas e benéficas em todos os sentidos.

E nada poderá obstar essa conquista, considerando o caráter essencialmente evangélico e reprodutivo do próprio trabalho, a formação espiritual dos trabalhadores e a cobertura, sempre presente e excepcionalmente poderosa, dos planos espirituais; convindo, ainda mais, considerar que o esquema sob o qual a Casa foi organizada reproduz em nosso meio, com as falhas naturais de todo empreendimento humano, o pensamento das veneráveis Entidades que do Plano Maior respondem pela orientação e condução do movimento espírita em nosso país.

Balanceados assim estes fatores, torna-se fácil compreender e medir a extensão das responsabilidades que pesam sobre os ombros de todos os trabalhadores, nos diferentes setores e nos limites impostos ao seu esforço pessoal, mas, sobretudo, aos Dirigentes, porque sabem mais e, administrativamente, podem mais.

Mas, se medidas como estas aqui delineadas, forem adotadas em caráter permanente, como recurso dinamizador de trabalho, reajustador de trabalho, incentivador de trabalho, a interessar Dirigentes e trabalhadores de todos os departamentos internos e externos; e se puder funcionar com a indispensável regularidade, respeitadas as finalidades doutrinárias, cultuadas espontaneamente as virtudes da humildade e do desprendimento pessoal, vibrando cada coração ao ritmo suave e puro do ideal evangélico, poder-se-á também afirmar que a Casa vencerá todos os embates e dificuldades, cumprirá sua altíssima missão e prosseguirá serenamente sua rota para os altos cimos que lhe foram marcados por Jesus, como fonte poderosa de amor e de trabalho, a difundir-se largamente pelo mundo. E os trabalhadores, sem exceção, serão os artífices desse grandioso acontecimento espiritual.

Os atuais Dirigentes, jovens, ardorosos e competentes, que sucederam a companheiros encanecidos no trabalho desde seu glorioso início, certamente que receberam um encargo delicado, com diretrizes já estabelecidas em um amplo horizonte destinado ao seu indispensável desdobramento.

Nessa faina meritória que lhes coube e na qual se empenham com evidente boa vontade, terão naturalmente alto interesse em dar a esse precioso legado o destino justo, transferindo-o, bem cuidado e engrandecido, aos que vierem depois.

Terão por isso fortes razões em manter uma iniciativa como esta que, por si só, facilitará grandemente a administração da Casa, fornecendo-lhe elementos seguros de êxito em seus alevantados esforços direcionais.

São estes os votos que aqui deixamos consignados e os rogos que fazemos a Jesus para que assim seja.

2

Mensagem para os Aprendizes da 16ª Turma da FEESP — Outubro de 1972.

Caros Aprendizes:

Não podendo comparecer pessoalmente, quero manifestar por este meio a satisfação de ver que, assim como inúmeros companheiros que vieram antes de vocês, também ultrapassaram agora os limites da preparação doutrinária e alcançaram o dia feliz em que são declarados aptos a desempenhar tarefas maiores e encargos mais valiosos nas fileiras dos que lutam pela vitória da luz contra as trevas.

Aqueles que se tornam Discípulos são como guerreiros bem armados que descem à arena pública, aos testemunhos evangélicos e não podem se esquivar da difusão das verdades imortais redentoras da humanidade.

Se não estiverem animados de sentimentos elevados, de propósitos firmes é de confiança plena em si mesmos, serão vencidos ingloriamente pelas forças negativas do mundo material e comprometido estará então o esforço anteriormente despendido que os trouxe às alegrias deste dia.

Animem-se pois destes sentimentos elevados e dessa disposição firme de vencer é assim certamente que vencerão, com o auxílio poderoso da fé, o escudo do Evangelho e das hostes inumeráveis e aguerridas que defendem no mundo a bandeira do Cristo.

São estes os votos que faço, pedindo a Jesus que sobre todos vocês derrame neste ato suas bênçãos santificantes e sua proteção misericordiosa.

E que assim seja.

3

Para os Servidores da mesma Turma, 16ª, em Junho de 1973.

Agradecendo o carinhoso convite da dedicada Dirigente dessa turma e impossibilitado de comparecer pessoalmente, envio esta pequena mensagem de congratulações e fraternal saudação.

Nestes quatro anos que se passaram, muitos foram os ensinamentos que receberam, os esforços que fizeram; muito ouviram e anotaram e é de crer que estejam agora preparados, com ânimo fortalecido na fé e na autoconfiança, na disposição de lutar com desprendimento e dedicar-se devotamente aos serviços dos semelhantes em nome do Divino Mestre.

Esta solenidade, como bem sabem, é um simples ato administrativo que nada lhes acrescenta ou diminui naquilo que hajam conquistado por si próprios, conquanto, simbolicamente, represente uma abertura doutrinária bem larga para um futuro promissor de novas e gloriosas conquistas na seara do Cristo.

A situação do mundo piorou grandemente desde o dia em que iniciaram esta caminhada, e as forças das trevas, que são infatigáveis no mal, lançaram seus golpes, desviando trabalhadores com miragens atraentes que não trazem alegrias no futuro, alegrias que somente o Evangelho oferece, pois que é eterno e não é dos homens.

E segue o mundo no seu rumo e os espera nesse ritmo constante de crescente desorientação religiosa, que exigirá redobrado esforço no desempenho das tarefas que lhes cabem como Discípulos de Jesus.

Mas nada deve detê-los ou atemorizá-los, mas, ao contrário, ser estímulo, porque estará sobre vocês uma valiosa cobertura de proteção, cada vez mais ampla, pronta e imediata, enquanto permanecerem dignos dela, pois que o Alto necessita de seu apoio e dedicação para manter de pé, firmemente integrado no seu glorioso destino, o nosso país, Pátria do Evangelho e Coração do Mundo, com as legiões do Cristo nestes dias ativamente se agrupando e se multiplicando nos planos espirituais em apoio às atividades sempre modestas e limitadas que em nossa esfera realizamos.

E muito maior ainda será a responsabilidade nossa porque os trabalhadores estão sempre entregues a si mesmos, no âmbito individual do livre-arbítrio, para serem provados e selecionados pela capacidade que demonstrarem no serviço do Cristo, isto é, na fidelidade ao seu culto e à propagação do seu Evangelho Redentor.

A cada dia que passa o que mais importa aos Discípulos é, pois, difundir e testemunhar, pela fé e pelo exemplo, a doutrina cristã verdadeira, ensinada por Jesus, pela qual Ele morreu na Cruz e cujo mais forte fundamento é o amor aos semelhantes.

Paulo de Tarso afirmava que "fora da caridade não há salvação"[1], querendo dizer que fora do amor aos semelhantes não há redenção possível, nem progresso, nem perfeição espiritual.

João Evangelista, nos seus últimos dias de vida, em Éfeso, quase paralítico, quando se dirigia àqueles que o procuravam, ansiosos por ouvir as palavras autorizadas do último apóstolo vivo do Divino Mestre, repetia-lhes sempre a mesma recomendação: "filhinhos, sejais unidos e amai-vos uns aos outros."

E Jesus mesmo ensinava sempre, dizendo: "pelo amor que demonstrardes uns aos outros o mundo conhecerá que sois meus discípulos."

Esse amor aos semelhantes é, pois, o fundamento das atividades dos Discípulos, como indivíduos e como trabalhadores, isolados ou agrupados a outros, somando esforços e recursos para o melhor desempenho de suas tarefas, onde quer que estejam ou trabalhem.

[1] *Evangelho segundo o Espiritismo*, Allan Kardec, Cap. XV, itens 5, 8, 9 e 10. (Nota da Editora)

E a melhor oferta de amor (além da do pão, que é sempre necessária) é, sem dúvida, a do alimento espiritual, pelo esclarecimento e pelo encaminhamento no sentido evangélico, pela iluminação das almas imersas ainda nas sombras da ignorância religiosa e da dúvida.

Assim, pois, propagar o Evangelho e fixá-lo bem fundo nas almas é a prova maior de amor que podem dar aos nossos semelhantes, ajudando a redimi-los para a eternidade.

É o que melhor têm a fazer a partir de agora, quando já estão preparados e esclarecidos, não só como ensinamento que se recebe e se transmite, mas como tarefa imposta a vocês mesmos; não como um simples dever a cumprir, com palavras que muitas vezes são esquecidas, mas com os exemplos vivos e notórios de representantes de Jesus, onde quer que estejam; sem temores e vacilações, mas com disposição sincera de construir sua tarefa na rocha firme da fé e da perseverança, sem jactâncias ridículas, mas com humildade; e não por vanglória pessoal, mas com intuito honesto de servir com desprendimento.

Dessa forma estarão caminhando firmemente nos seus caminhos de aproximação a Jesus, provando, com atos perfeitos, sua condição de Discípulos, igualmente como fazem muitos outros que por aqui passaram antes, realizando atividades meritórias e valiosas na seara divina, cumprindo fielmente seus compromissos com o Divino Mestre, sem se deixarem desviar por miragens falsas e veredas enganosas.

São estes os votos que faço e as preces que levanto a Jesus para que realmente assim seja para todos.

4

Novas Escolas de Aprendizes do Evangelho — Outubro de 1973.

1) O Plano Espiritual Superior indica a conveniência da irmanação das Casas novas e independentes, formando uma aliança sólida e responsável, destinada a garantir a expansão das Escolas com base nas diretrizes iniciais de 1950 e integração na Fraternidade dos Discípulos de Jesus, cuja sede será naquela que melhores condições oferecer no momento.

Recomenda também reuniões periódicas dos Dirigentes dessas Escolas para fraternização e decisões de interesse comum.

2) O Venerável Razin pede que seja transmitida a todas a seguinte mensagem:

"— Os olhos do Divino Mestre Jesus estão voltados para os novos baluartes da evangelização e Seu misericordioso coração vibra de amor para todos os trabalhadores que, nesses novos e preciosos redutos de trabalho construtivos, reafirmam-lhe sua fidelidade e devotamento cristãos.

Espera que a difusão prossiga no mesmo ritmo anterior, com a mesma pureza de sentimentos, o mesmo idealismo, boa vontade e capacidade de resistência às forças desagregadoras do mal."

3) Os trabalhadores porém deverão ter sempre em vista que o meritório esforço deve ser isento de personalismo e de vaidade, sentimentos esses que anulam em grande parte o merecimento do trabalho no campo individual.

Colaborem em tudo que puderem, servindo aos necessitados com desprendimento, aprimorando o mais possível a Reforma Íntima, para que possam agir como distribuidores das bênçãos e das graças emanadas do coração do Mestre o que, entretanto, só conseguirão através de sentimentos purificados e o desejo sincero e humilde de exemplificarem o Evangelho com perfeito amor e bondade, que são suas características essenciais.

E então a Divina Luz do Cristo poderá brilhar nas sombras do mundo, engrandecendo os trabalhadores e se acendendo nos corações humanos que anseiam pela redenção.

5

Mensagem para os Discípulos da 17ª Turma da Escola de Aprendizes do Evangelho da FEESP — Dezembro de 1973.

Queridos Servidores:

Com real satisfação faço-me presente, com esta mensagem, à cerimônia de sua passagem para a Fraternidade dos Discípulos de Jesus.

Alguns milhares já o fizeram antes e, no meio social que lhes é próprio, testemunham, em grande maioria e de forma meritória, o que aqui aprenderam e que, à sua vez, espalham no seio da população, provando, assim, que compreenderam bem a finalidade desta iniciação.

Esta Escola foi criada para preparar adeptos da vivência evangélica, expressão do cristianismo verdadeiro, tornando-os colaboradores preciosos das programações do Alto, e trabalhadores devotados a Jesus, aptos às exemplificações pessoais de fraternidade humana, com fé, desprendimento, humildade e pureza, e a enfrentar, como cristãos verdadeiros, a difusão evangélica neste mundo materializado, corrupto e violento, levando-lhes luz, conforto moral e esperança.

Nestes termos é que os saúdo e congratulo-me com todos por terem tido êxito nesta iniciação espiritual, após as servidões escolares; e quero crer que o tenham conseguido com verdadeiro aproveitamento íntimo, por méritos próprios, sem facilidades ou convenções, porque, para ser Discípulo em todo o significado justo do termo, não bastam aprovações e julgamentos pragmáticos; e depreciado grandemente seria este ato se porventura não tivessem também, como Servidores, merecido a aprovação mais alta e o julgamento mais profundo e severo do Divino Mestre.

Porque os Discípulos que falam em Seu nome nos ínvios caminhos deste nosso mundo grosseiro e enganoso devem estar seguros da posse de credenciais íntimas e alto padrão de conduta pessoal para terem autoridade moral nesse dignificante testemunho.

Porque o discípulo verdadeiro que ama o Mestre a quem serve, servindo à humanidade, a esta também honra por força das virtudes do amor, da desambição e da humildade, que conquistam como o Mestre ensinou.

E se assim for também com vocês, como é de esperar, podem todos ver com os próprios olhos o quanto se rejubila Jesus ao receber em seus braços acolhedores aqueles humildes aprendizes dos primeiros dias, que, perseverando com sinceridade e decisão, eliminaram seus vícios e maus costumes e lutaram no mesmo afã de perfeição, combatendo defeitos e falhas morais, e no serviço a necessitados colheram ou aperfeiçoaram virtudes e dulcificaram os corações, ainda frios para as misérias do mundo; e estão aqui agora com os olhos postos no futuro que os aguarda, nas novas e maiores sobrecargas de trabalhos e responsabilidades das tarefas enobrecedoras que certamente virão e que sempre prenunciam conquistas espirituais mais elevadas.

Esperamos que assim tenha sido com vocês para que assim também possam no esforço livre, espontâneo, consciente e responsável que cabe aos Discípulos prosseguir na escalada gloriosa que levará ao Divino Mestre, nas esferas superiores da espiritualidade maior.

Somente fechando os olhos e o coração para as tentações do mundo enganoso, evitando os enfraquecimentos morais, os desvios de rumo por ambições ou vaidade e as acomodações, por conveniências mundanas, somente assim novamente vencerão; mas lembrem-se sempre que não há rota alguma fora do Evangelho que leve à felicidade espiritual, pois que este é o mais perfeito recurso de redenção com que podem contar os seres humanos; e a redenção é o que mais importa aos homens encarnados, pois para isso é que encarnaram.

E se assim procederem e mantiverem sintonia constante com o Plano Espiritual, grandes coisas poderão fazer pelo bem da paz e do amor no mundo e fecundas sementes semear na seara do Mestre, avizinhando-se, dia por dia, do Seu Reino; pois suas portas jamais se fecham para aqueles que neste mundo testemunham, com fidelidade e desprendimento, Seus ensinamentos redentores, enobrecidos e santificados pelo sangue de muitos que, no lento correr do tempo, deram seu testemunho com desprendimento até mesmo da própria vida.

6

Mensagem para os Servidores da 4ª Turma da "Seara Bendita" — Dezembro de 1973.

Caros Aprendizes:

Pensando em termos de parábolas, bem podemos dizer que a evangelização com a Reforma Íntima é como se fosse uma batalha que só se vence quando os inimigos são derrotados.

Mas se nas batalhas comuns o que se visa é a conquista de vantagens materiais, ou a dominação de uns sobre os outros, nesta nossa o prêmio do esforço e do sacrifício é a conquista do Reino de Deus, que ninguém obtém a não ser o próprio guerreiro.

E se nas primeiras os inimigos são seres humanos que agridem por ambição de valores mundanos, nesta nossa a luta é contra adversários que se escondem em nosso próprio íntimo, no fundo das almas, e assim nos dominam ou, pelo menos, nos impedem de progredir espiritualmente, atrasando a nossa evolução, enquanto não são também derrotados.

Naquelas, os vitoriosos aumentam seus débitos com a vitória, que significa mais orgulho, mais ambição, mais vaidade, enquanto que, nesta nossa, a vitória significa mais bondade, mais desprendimento, mais humildade, mais amor.

Numa, os valores do mundo, noutra, os valores do espírito imortal!

De qualquer forma, esta nossa é mais perfeita e mais completa, porque torna a vida mais feliz e ainda capitaliza os bens do espírito, com vistas à vivência em planos mais elevados, bens que não são deste mundo, mas que neste mundo é que devem ser conquistados.

Todo esforço, pois, que for feito para esta conquista tem

grande mérito e vale por todos os sacrifícios que ela custa, porque dia-a-dia nos aproxima mais de Deus.

Jesus disse que somente aqueles que se transformassem em seres renovados, purificados à luz dos seus ensinamentos, seriam dignos do Seu Reino, e vocês, Aprendizes, já estão bem avançados no caminho dessa renovação.

Se, de livre vontade, se inscreveram nesta Escola, perseveraram e venceram esta primeira etapa, com isso já demonstram que amadureceram no sentimento cristão verdadeiro e se tornaram dignos do galardão espiritual que hoje recebem.

Prossigam, pois, com o mesmo devotamento e firmeza de vontade para terminarem a preparação e serem Discípulos, para que, então, a espiritualidade se abra para vocês em plenitude de esforços e de responsabilidade, porque esta é a tarefa do Discípulo, a saber: servir a humanidade para servir a Jesus, e servir a Jesus servindo a si mesmos, engrandecendo-se.

Estes são os votos que faço e as preces que elevo ao Divino Redentor para que assim seja.

7

"Centro Espírita Aprendizes do Evangelho" da Aliança Espírita Evangélica — 1973.

No ato da inauguração desta Escola, por mais singela que seja, estarão presentes Entidades respeitáveis do Plano Espiritual Superior interessadas na evangelização do nosso país, porque ela se abre nestes dias como um raio de luz a iluminar caminhos escuros, estimular companheiros indecisos, impulsionar no sentido certo e livre de injunções ou restrições, irmãos nossos necessitados de conhecimento e orientação e de uma liderança competente, sendo, além disso, forte estímulo a novas aberturas idênticas em outros lugares.

Espero possam todos sentir plena confiança na pureza e integridade evangélica dos ensinamentos aqui ministrados, ajustados como estarão às diretrizes iniciais de nossos Irmãos Maiores desde 1950, que traduzem o pensamento e a vontade respeitável do Divino Mestre Jesus.

Por outro lado, é também certo que as instruções aqui ministradas asseguram bom aproveitamento do tempo reservado a cada um dos Aprendizes, em face dos compromissos encarnativos e das experiências que devem fazer para o bom êxito da presente encarnação, o que de muito servirá para enfrentarem com tranqüilidade e confiança o selecionamento cíclico da humanidade neste fim de período evolutivo.

Matricular-se em uma Escola como esta é, pois, a medida mais acertada e útil, a melhor decisão que um Espírito bem inspirado pode tomar em benefício próprio em termos de progresso evolutivo.

Mas esse resultado, desnecessário será dizer, fica dependendo da sinceridade, da aplicação, da perseverança e também muito da humildade pessoal com a qual cada um realize as tarefas e respeite as exigências escolares que, todavia, se resumem na própria evangelização, a qual, por sua vez, se assenta em duas palavras, a saber: "defeitos — virtudes", no duplo e benéfico esforço de eliminação de uns e da conquista de outros, para que, ao final, surja aperfeiçoado, instruído e capacitado devidamente o Discípulo de Jesus, o arauto preparado e corajoso, em face dos testemunhos que lhe forem exigidos pelas tarefas a cumprir, e do objetivo superior de reviver em nossos dias o Cristianismo Primitivo, verdadeiro e puro, ensinado e também testemunhado pelo próprio Jesus.

Bem conduzida e executada a preparação nesta Escola, certamente que os Aprendizes, já como Discípulos, terão sua evolução acelerada, apta para compromissos mais altos em cenários mais amplos e benéficos na seara do Divino Mestre.

Perseverança, humildade e fé, eis as principais condições asseguradoras de êxito, aliás, ao alcance de todos que o desejem, pois que, para isso, viemos nesta encarnação, e tudo o quanto nos for necessário nos será dado, quando justo e conveniente à nossa ascensão espiritual.

Mas também deve ser dito que essa não é uma Escola formalística, de transigências e acomodações subalternas; os responsáveis espirituais dão-lhe inteiro apoio e assistência, mas o esforço e as realizações são inteiramente do Aprendiz, e somente aqueles que de amor e de fé se tomarem e de firme vontade se decidirem a perseverar do primeiro ao último dia da iniciação poderão atingir o alvo fundamental visado, que é a Reforma Íntima, vencendo todos os obstáculos e impedimentos próprios de uma jornada gloriosa como esta; somente assim haverá êxito, não por privilégio, mas por esforço próprio, porque a evangelização é uma conquista gradativa que dia a dia se aperfeiçoa na intimidade mais profunda da alma do Discípulo, que mantenha sempre fé robusta e ideal elevado.

Por isso mesmo a Escola é liberal e permite repetições, quantas sejam necessárias, até que o alvo fixado seja alcançado.

As transformações morais cujas bases estão fixadas na antítese — defeitos e virtudes — se repartem nos três graus da iniciação, a saber: os vícios para o primeiro grau, o início do combate aos defeitos e das testemunhações no segundo; e a liberdade de ação com exemplificação plena e livre, no terceiro, de maneira que hajam êxitos e progressos parcelados. E aos Aprendizes se pode também assegurar assistência espiritual permanente, do primeiro ao último esforço de preparação na Escola, e, daí por diante, nos testemunhos dos Discípulos fiéis, até o fim de seus dias.

Que mais Jesus pode oferecer aos seus futuros Discípulos?

E o que lhes pede senão e unicamente que vivam segundo seus ensinamentos, para que possam ingressar em seu Reino de Paz, de Luz e de Amor, ao fim da jornada?

O Divino Mestre tudo pode, mas de todos nós necessita, quando bem preparados, para a vitória de seu Evangelho no mundo.

O programa desta Escola foi feito para formar trabalhadores e Servidores aptos a se incorporarem às aguerridas legiões que se opõem à dominação da humanidade pelas forças do mal, que, infelizmente, encontram oportunidades inumeráveis junto aos homens incréus, materialistas ou simplesmente invigilantes, aos quais facilmente se afinizam.

Assim pois, caros Aprendizes, todos vocês teriam direito de optar entre o Bem e o Mal até o instante em que se inscreveram nesta Escola de Jesus, mas agora que optaram por ela, aliás com sabedoria, porque como Aprendizes do Evangelho verdadeiro já se tornaram Discípulos em potencial, bastando agora que, pelo próprio esforço, com perseverança e humildade, se tornem Discípulos perfeitos.

8

Mensagem para o Centro Espírita de Mar Del Plata, Argentina — Agosto de 1974.

Nas atividades que desenvolvemos sem repouso nesta Casa, de cérebros e corações voltados para o movimento espírita desta grande região provincial da Pátria do Evangelho, três são os setores que mais de perto nos preocupam e exigem cuidados especiais, a saber: 1) o setor mediúnico, no qual orientamos os médiuns, desenvolvemos suas faculdades em escolas e cursos apropriados que somam milhares de alunos e controlamos seu trabalho para que sejam construtivos e não se desviem da linha justa; 2) o setor das curas espirituais, no qual trabalham inúmeras equipes de Servidores dedicados e médiuns especializados e que vão desde as simples consultas espirituais até as mais delicadas operações mediúnicas; 3) o setor da evangelização dos adeptos, onde preparamos, na Escola de Aprendizes do Evangelho e na Fraternidade dos Discípulos, milhares de trabalhadores destinados a levar os ensinamentos de Jesus a todos os lares e a todos os ambientes sociais, oferecendo-se todos eles como exemplos vivos e operantes dos ensinamentos legados pelo Divino Mestre a esta humanidade sofredora e atrasada na sua evolução.

❖

Com as atividades do primeiro setor mantemos sempre abertos os canais da revelação; com o segundo exercemos a caridade espiritual e atendemos aos sofrimentos e às necessidades do nosso próximo; e com o terceiro preparamos Servidores dedicados para a propagação do Evangelho no seio do povo, carente de condução e orientação espiritual.

Estes são os setores que nos dias que correm devem de preferência ser atendidos pelas Casas Espíritas bem orientadas, tanto no país como no estrangeiro, porque correspondem às maiores e mais prementes necessidades humanas nestes momentos difíceis e decisivos da evolução planetária.

Se as Casas Espíritas cuidarem de muitas coisas mas não cuidarem destes três setores, estarão desviadas dos verdadeiros rumos e não estarão à altura das necessidades do momento histórico que vivemos.

❖

Estas atividades, portanto, devem ser iniciadas sem vacilações e sem temores, para que as portas dos templos espíritas possam se abrir de par em par para os necessitados que as procurarem e para que as palavras do Divino Mestre, através da Doutrina dos Espíritos, sejam levadas a todos os corações antes que cheguem os dias terríveis do expurgo, já tão amplamente anunciado.

O Espiritismo na Argentina adquiriu caráter simplesmente intelectual e assim muito pouco poderá realizar, objetivamente, em favor dos sofredores e necessitados em geral, para os quais o Evangelho se volta em primeiro lugar.

Esperamos que os centros espíritas isoladamente possam realizar plenamente a tarefa, tão atrasada, do Espiritismo religioso no esclarecimento do povo, no atendimento de suas cruciantes necessidades e esperanças.

9

Mensagem para a inauguração da Escola de Aprendizes do Evangelho do Centro Espírita Perseverança, Vila Santa Clara, São Paulo, Capital — Março de 1974.

Caros Aprendizes:

Vemos como florescem as árvores da espiritualidade, quando as sementes são plantadas com amor, humildade, idealismo sadio e desejo de servir aos semelhantes.

Assim vão surgindo aos poucos, aqui e ali, as Escolas de Aprendizes, que trabalhadores fiéis e devotados semeiam com mãos solícitas e mantêm com esforços desvelados.

Assim, vemos hoje nascer esta Escola, na Vila Santa Clara, como uma nova e promissora esperança de Jesus, nas esferas iluminadas de onde conduz e orienta esta humanidade, ainda tão atrasada e donde, com bondade, abençoará seus devotados assessores, intérpretes de sua vontade junto a nós, que certamente rodearão de estímulos e de carinhosa assistência esses rebentos novos que nascem frágeis da terra ressequida, mas logo se robustecem e ganham ramagem fecunda.

Cabe a nós, como Aprendizes, corresponder aos cuidados e solicitudes dos Benfeitores Espirituais, esforçando-nos com sinceridade para seguir as diretrizes evangélicas e realizar, por meio da Reforma Íntima, a preparação espiritual que nos levará à condição de Discípulos de Jesus, ao termo dos esforços meritórios desse aprendizado.

Estes são os votos que fazemos neste dia feliz que levará, em breve tempo, ao discipulado e ao testemunho do Evangelho Redentor, que é caminho, verdade e vida, ninguém podendo atingir as esferas mais altas se não for por ele.

10

Mensagem para a 1ª Turma da EAE do Centro Espírita dos Aprendizes do Evangelho, São Paulo, Capital — 1974.

Caros Aprendizes e Amigos:

Neste dia feliz, em que esta Casa Espírita se aproxima muito mais de Jesus, nosso Divino Mestre, por criar uma escola destinada a difundir Seus ensinamentos e a vivência de seu Evangelho redentor, queremos estar presente em Espírito, para comungar com todos vós da alegria que, estamos certos, reinará no coração de vocês todos.

Tem valor muito relativo aquilo que se faz na Doutrina como trabalho rotineiro de todos os dias, com a alma muitas vezes ausente do esforço; mas coisa muito diferente é a autopreparação pela Reforma Íntima, transformando defeitos e vícios em virtudes e abstenções, visando o aperfeiçoamento dos sentimentos, pensamentos e atos e a purificação do corpo físico, santuário do Espírito encarnado, através do qual ele se manifesta no ambiente terreno e cumpre compromissos e programas que trouxe para esta encarnação.

Um dia somente de esforço íntimo e sincero de aperfeiçoamento moral, com base no Evangelho de Jesus, liberta o Aprendiz mais depressa das inferioridades que o dominavam, que centenas de dias de freqüência inócua ou conduta morna e estéril, em trabalhos exteriores, sem repercussão no campo interno e na alma dos necessitados.

Havendo sincero desejo de melhorar e coragem para enfrentar, com decisão, essas inferioridades ligadas à vida animal ou ao passado culposo, e perseverança e fé para não abandonar a luta, os progressos espirituais serão rápidos e positivos, e o

Aprendiz poderá constatar, de forma evidente, as mudanças que ocorrerão no corpo e no espírito, trazendo-lhes paz, equilíbrio, confiança e fé no futuro espiritual.

Enfrentem, pois, confiadamente, esse grandioso empreendimento interno, para que se transformem logo nos *homens novos* a que Jesus se refere no Seu Evangelho, que são aqueles para os quais as portas do Seu Reino se abrirão no futuro, acolhedoramente; e iluminados pelo Seu amor e pela Sua luz serão os caminhos que terão de percorrer de hoje para o futuro, em busca das esferas da vida espiritual superior.

E que assim seja.

11

Mensagem para a Casa das Crianças Nosso Lar, São Paulo, Capital — 1974.

Queridas Confreiras Diretoras desta Casa:

Ao transcurso desta comemoração, congratulo-me com as devotadas e fiéis seareiras de Jesus que criaram, mantiveram e fizeram progredir esta benemérita Casa que é hoje, sem a menor dúvida, uma instituição que honra a Doutrina dos Espíritos e estende seus benefícios a largos setores da necessidade, do desamparo e da miséria humana, cumprindo, assim, tarefa relevante na programação do Plano Espiritual Superior para o nosso país, dando ao mesmo tempo testemunho valioso dos ensinamentos do Divino Mestre.

É bem de ver que assim prosseguirão e ainda mais eficientemente nos dias próximos, quando as necessidades públicas aumentarão por força dos tumultos humanos e da própria Natureza previstos, aliás, para os últimos tempos deste atual ciclo evolutivo no planeta.

É bom dizer que as atuais esperanças dos trabalhadores e responsáveis do Plano Espiritual, na palavra do nosso venerável Irmão Maior, Bezerra de Menezes, são para que — "se divulguem verdades acima dos interesses restritos de instituições e pessoas."

A fase em que a Doutrina Espírita, diz Ele, careceu firmar-se através de comprovações científicas e argumentações filosóficas é superada agora pela premente necessidade de se encaminharem as atividades dos cristãos verdadeiros para a união do grande rebanho ao redor do Bom Pastor de almas; abrirem-se maiores horizontes de amor fraternal entre todos, vencendo barreiras sectaristas que jamais fizeram frente aos ensinamentos do Cristo, para que assim possam, os espíritas cristãos, abrir os braços a todos os irmãos de quaisquer correntes religiosas, cujos pensamentos devem ser compreendidos e respeitados, nas bases do amor que une e supera todas as dificuldades e diferenças, mesmo quando não comungados nas mesmas lições maiores de caridade evangélica.

"Que este testemunho seja feito pelos verdadeiros Discípulos que desejam efetivar neste orbe a vivência da lei maior, porque os tarefeiros que encarnam agora dentro de todas as organizações religiosas trazem, como maior finalidade de trabalho, esta união de corações, para que assim se cumpram no mundo as profecias do Senhor Jesus."

Estas são as palavras do venerável mentor e difundimo-las com a maior reverência, porque são ditadas com a autoridade moral e espiritual que possui e que ecoam desde muito em todos os núcleos onde prevalecem os trabalhadores bem orientados.

Nenhuma preocupação maior, portanto, devem ter os Servidores do Evangelho, que lutar para a consecução deste grande e nobre ideal cristão da união universal, pois Jesus é redentor de toda a humanidade e não somente de parte dela.

Desta forma o esforço dos trabalhadores responsáveis e sinceros e dos Discípulos de Jesus produzirá os resultados esperados pelo Divino Mestre e que possam também estes, não só por palavras, mas por atos, enobrecer o título do qual se fizeram dignos.

No momento em que a ciência, nos seus avanços magníficos, espanta e atrai a atenção de milhares de criaturas para o materialismo e doutrinas paralelas de menor expressão espiritualizante se expandem e dominam em largas áreas da população nacional e, em outros países, cresce a ansiedade por conhecimentos espirituais verdadeiros e oportunos, sem possibilidades de obtê-los, pode-se avaliar como a Doutrina dos Espíritos está afrontada na tarefa cósmica de redenção da humanidade e nas esperanças do Divino Mestre quando disse que seus ensinamentos deveriam ser levados a todas as partes (e dizia isso com os olhos postos no mundo do futuro), pode-se avaliar o quão longe estamos todos ainda do cumprimento dessa Sua profecia.

Mas bons caminhos tomou esta Casa e inspirados foram seus Dirigentes semeando desde os primeiros passos as sementes imortais do amor aos semelhantes; e esperamos que dilate seus campos de trabalho e seja sempre um farol em pleno poder de luz espiritual, na escuridão do mundo tumultuado e triste que nos rodeia.

Nesta gloriosa caminhada de amor ao próximo, cada Aprendiz do evangelho será um guerreiro, cada Servidor um testemunhador valioso, e cada Discípulo um apóstolo defensor desinteressado desta verdade maior de fraternidade humana.

Todos aqueles que se iniciam na vida espiritual evangélica aprendem a desprender-se do mundo e dedicar seus pensamentos e suas energias às verdadeiras realizações da ciência de Deus com base no amor testemunhado e não somente pregado.

Nessa luta superam as ilusões do mundo material, os atrativos enganadores, e só cultuam os valores que encaminham para a vida, na eternidade do espírito imortal.

Hoje, mais que nunca, nos difíceis momentos espirituais que vivemos, cada trabalhador está entregue a si mesmo, confiado a sua própria consciência, desligado de qualquer subordinação que não seja a dos deveres espirituais, cumpridos com amor, em benefício dos desvalidos, como aqui neste Lar são exemplificados.

12

Mensagem para a inauguração da 1ª Escola de Aprendizes do Evangelho de Buenos Aires, Argentina — 1974

Prezados Confrades Dirigentes do Centro Espírita "Providência":

Atendendo ao generoso convite para compartilhar da inauguração da Escola de Aprendizes dessa Instituição, faço-o por esta mensagem, na qual expresso, em ligeiras palavras, meu júbilo sincero pela inspirada iniciativa, a primeira, que nos conste, tomada em seu país e por ver como, assim, os ensinamentos do Divino Mestre Jesus, na forma pela qual são transmitidos pelo Espiritismo, caminham vitoriosamente, expandem-se por toda parte, são aceitos, difundidos e testemunhados por Servidores corajosos, fiéis e idealistas.

Todos sabemos que a humanidade deste planeta inferior, em grande maioria afastada das luzes espirituais, vive dominada pelas ilusões absorventes do mundo material e, qual se fosse uma caravana imensa, caminha cegamente para abismos tenebrosos de violência, de espanto e de dor, mais fortes que as advertências que lhe são feitas por muitos modos, as evidências e os sinais emitidos pela própria natureza no céu, no mar e na terra. São os apelos do mundo, as atrações, as ambições que por toda parte tentam os homens encarnados, surdos e insensíveis, que desprezam inclusive os conselhos que lhes vêm do Plano Espiritual, através de porta-vozes autorizados, contaminados como estão de descrença, pela impotência dos credos fantasiosos, meramente humanos, de que o mundo está cheio, deslumbrados pelo avanço espetacular da ciência materialista, fria, impiedosa e negativista, esquecendo-se de Deus e desvairadamente se entregando às ilusões e prazeres transitórios, esquecidos dos compromissos severos e irrecorríveis a cumprir e às contas a prestar no futuro aos tribunais divinos.

Estes pobres irmãos que aceitam como única e verdadeira a vida efêmera de um dia nada cogitam das glórias da eterna vivência do espírito imortal. Cegos que vivem nas sombras e, lastimavelmente, ignoram as luzes que lhes estão ao alcance e que jorram dos céus amplamente abertos pelo imenso amor do Cristo Redentor.

Mas nesse panorama escuro surgem luzes e claridades representadas pelos agrupamentos humanos suficientemente espiritualizados, dedicados ao Bem, e instituições de benemerência, notadamente as casas espíritas, fundamentalmente integradas nas atividades evangélicas redentoras, que se esforçam por difundir e exemplificar, em espírito e verdade, o Cristianismo Primitivo, num trabalho semelhante ao de João Batista e dos Essênios, no preparo das almas humanas para um novo advento espiritual. Se naquele tempo a esperança era a vinda do Messias, hoje é a popularização da vivência evangélica para a conquista de uma vida espiritual mais perfeita, no próximo ciclo que se abre para a vida na Terra.

Tal foi o programa que organizamos para a Escola de Aprendizes do Evangelho da FEESP, que inspiradamente se propuseram seguir em terras argentinas, e estamos seguros de que se perseverarem com prudência e fé, grandes messes colherão no seio do povo humilde, e glorificada nos céus será sua tarefa, porque abrirão sendas novas nas trevas e nelas acenderão claridades eternas.

Como sabem inútil se torna a filiação a credos religiosos de quaisquer títulos se não se tem como decisão sincera e firme o desejo de melhorar. Os templos estão cheios de freqüentadores que absolutamente não se preocupam com tal coisa e realmente não passam de freqüentadores. E inútil será também freqüentar casas espíritas se não se tem no coração o desejo sincero de reformar-se, evangelizar-se, transformando-se no homem novo a que Jesus se referia nas suas prédicas, eliminando vícios e defeitos morais, renovando-se, enfim, à luz dos ensinamentos redentores.

Mas também é preciso ter em vista que o conhecimento meramente intelectual nada resolve em definitivo e que somente a vivência, o testemunho pessoal, após cuidadosa e persistente preparação, pode assegurar o êxito; e considerar também que o Discípulo não é um espírita comum que se supõe espiritualizado, porque conhece a Doutrina Espírita teoricamente e cita passagens do Evangelho com precisão e boa memória: é muito mais que isso, é o Servidor idealista que se preparou humildemente para testemunhar os ensinamentos, vivendo-os na vida comum de todos os dias, dedicando-se ao bem dos semelhantes; é aquele que sabe e que serve, porque ama.

Não se pode freqüentar esta Escola com a idéia frívola de receber um título, mas para dar-se ao serviço do próximo, atingir o grau de Discípulo e continuar a viver como qualquer outra pessoa desinteressada da vida coletiva, do bem dos semelhantes e dos ideais de fraternidade universal, porque as responsabilidades crescem com o aumento do conhecimento.

Esta Escola, além disto, não é semelhante a todas as demais que se conhece; não fornece diplomas vistosos, mas, para os que nela entram e perseveram e lutam e vencem, há galardões mais preciosos que abrem caminhos retos para o coração do Divino Mestre e portas muito amplas para mundos mais felizes nos Planos Espirituais.

É preciso saber que para ser um bom Discípulo é preciso que cada um crie em si mesmo uma mentalidade sacrificial de devotamento aos semelhantes, que se torne um escudo poderoso contra a dúvida, o temor e o desânimo.

É preciso desprendimento de coisas materiais, sem se olvidar, todavia, dos deveres comuns sociais, domésticos e de trabalho; renúncia a conforto, desprezo a ambições; tolerância e compreensão para os defeitos alheios; bondade inalterável para com todos;

esforços constantes para conquistar virtudes; paciência no sofrimento, humildade nas ofensas, nas hostilidades, injustiças, perdão ou, no mínimo, tolerância para todos os agravos; e muito mais que tudo isso são os deveres dos Discípulos.

O estatuto da FDJ, aliás, é o Sermão do Monte, que é o substrato do Evangelho, conquanto seja óbvio que não se pode atingir tais perfeições num simples curso de preparação, por melhor que seja, nem mesmo numa só vida encarnada, por mais operosa que seja; mas lutar pela perfeição, isso sim se pode exigir de todos os Aprendizes e Discípulos.

Importante também é não esquecer que a exemplificação começa nos lares onde o Aprendiz, seja qual for sua posição, passa a ser elemento de estabilidade, equilíbrio, acomodação, harmonia e esclarecimento. Por seu intermédio é que se poderá manter ali o fluxo das luzes e das bênçãos celestes, das quais é ele também o polarizador responsável em grande parte.

Tudo isso é preciso dizer para que não haja ilusões, decepções e para que os que batem às portas possam fazê-lo por inteiro livre-arbítrio, plena consciência e sinceridade de propósitos.

Nesta Escola o ensino doutrinário teórico, conquanto necessário, não é preocupação de maior monta, nem exige apurações escolares em exames, porque o fundamental é a reforma moral que, esta sim, deve merecer todo empenho dos diretores, para que seja devida e rigorosamente apurada.

Para essa verificação o sistema de cadernetas pessoais pode ser considerado proveitoso, assim como outras medidas semelhantes, mas tudo isso, repetimos, será de resultados ilusórios se os Aprendizes não tomarem consigo mesmos a decisão sincera e firme de melhorar, eliminando vícios e defeitos, os primeiros em tempo curto, pois que dependem unicamente da vontade pessoal, e os últimos, somente após tempo mais ou menos longo, segundo o caráter moral, o devotamento, o grau de avançamento espiritual de cada um.

Milhares de irmãos nossos se perdem nos caminhos escuros do mundo, porque batem às portas dos que têm pouco para dar, no sentido construtivo, e milhões também se desviam porque se satisfazem com exterioridades, rituais que os isentam, segundo pensam, de esforços e sacrifícios incômodos, havendo, também, outros tantos que ainda não foram tocados pela ansiedade da espiritualização, a todos estes, pois, faltando orientação adequada e impulsos internos de mudança de vida.

Mas é certo e fora de dúvida que todos aqueles que edificam sua vida nas bases espíritas, que são as da evangelização, esses subirão depressa os degraus que levam a mundos melhores. E os Aprendizes desta Escola não encontrarão dificuldades em prosseguir nos caminhos retos que escolheram porque a conduta rigorosamente evangélica não é sujeita a erros e perdas de tempo e abre janelas muito amplas para a assistência espiritual vinda do Alto.

Desde o primeiro dia serão ajudados amplamente e em todos os sentidos pelos benfeitores espirituais, para que tenham completo êxito nesse meritório esforço.

E possam eles em tempo breve se transformar em Discípulos operosos de Jesus, tornando assim sua atual encarnação plenamente benéfica e altamente proveitosa.

Estes são os votos que fazemos, olhos postos no futuro, pelo bem dessa comunidade.

13

Escola de Aprendizes do Evangelho do Grupo Razin, São Paulo, Capital — 1974.

Caros Amigos:

Justamente hoje, quando se inaugura esta Escola de Aprendizes do Grupo Razin acho-me acamado, impossibilitado de comparecer pessoalmente para externar minha alegria pelo acontecimento.

Faço-o, todavia, através desta pequena mensagem, com minhas saudações a todos os Aprendizes e Dirigentes, mas, principalmente, ao devotado, modesto e valioso Servidor do Cristo, que é nosso irmão Ney Pietro Peres, criador dela.

Cada escola que se abre, por mais humilde que seja, é um forte farol que se acende e um núcleo poderoso de aglutinação de necessitados de luz espiritual que vagam, muitas vezes, sem rumo certo, no tumulto do mundo exterior e que para ali acorrem ávidos de conhecimentos maiores e mais verdadeiras diretrizes para suas vidas, quantas vezes atormentadas e tristes; e quantos, desencantados de teorias fantasiosas, promessas falazes e pregações inócuas, anseiam por segurança e diretrizes espirituais verdadeiras; e quantos também aspiram por caminhos retos, mesmo quando trabalhosos, que os conduzam a metas espirituais de redenção.

Tudo isso certamente encontrarão desde o primeiro dia nesta pequena grande Escola que hoje se abre sob o nome do venerável Espírito Razin, Dirigente da Fraternidade do Trevo, do Espaço, ativo e inspirado Servidor de Jesus, colaborador devotado de Ismael para a condução religiosa deste nosso predestinado Brasil.

Devotem-se, pois, com humildade e fé, ao esforço de evangelização pela Reforma Íntima, desprezando obstáculos e dificuldades naturais de empreendimentos elevados como este e, em breve tempo, estarão aptos a se incluírem como Discípulos nas fileiras do imenso exército de combatentes cristãos que lutam pela paz, pela ordem, pela harmonia e pelo amor dos semelhantes neste orbe convulsionado pela violência, pelo materialismo cego e pelos desvarios que infelicitam a humanidade.

E então, vencendo agora, poderão enfrentar serenamente o selecionamento cíclico do qual estamos nos aproximando rápida e apreensivamente.

Com meus melhores votos para que todos lutem e não esmoreçam nos esforços até o fim da jornada que hoje se inicia, peço a Jesus e a Deus nosso Pai que a todos abençoem e protejam.

14

Mensagem da passagem de Aprendiz para o grau de Servidor de diversos Grupos — CEAE — Genebra — 1974.

Caros Aprendizes:

Sua presença nesta solenidade, em número tão apreciável, indica claramente que uma das finalidades principais desta Aliança Espírita Evangélica — a fraternização em base cristã universal — está penetrando mais fundamente na compreensão e na consciência dos Grupos que a compõem.

O fato de se haverem organizado programas escolares de ciclos mais breves que os anteriores não significa que os ensinamentos hajam sido reduzidos ou sacrificados, pois que, bem ao contrário, eles foram mais especificamente preparados e adequados ao caráter da Escola, limitada exclusivamente, como sabem, ao sentido religioso da Doutrina.

Ingressando hoje no grau de Servidor terão a oportunidade de compensar a redução do tempo com a maior intensidade do esforço de Reforma Íntima como, também, de antecipar a exercitação e a exemplificação de trabalho em bem dos semelhantes, que deverão fazer por conta própria, após o término do curso e já como Discípulos.

Por outro lado, nas Instituições a que pertencem terão, certamente, campo de trabalho adequado e selecionado para sua auto-edificação; e os padrões objetivos de conduta de Dirigentes, instrutores e companheiros mais adiantados estarão diariamente ante seus olhos como modelos a imitar, nada lhes faltando, portanto, para o bom êxito da preparação nesse segundo grau.

Assim, pois, como bons Servidores que deverão ser, serão amanhã bons Discípulos, no entendimento das verdades maiores e na edificação das próprias obras.

Estes são os nossos votos e que assim seja.

15

Mensagem para os Aprendizes de São Bernardo do Campo, São Paulo — 1974.

Caros Aprendizes:

Se observarem o mundo nestes dias incertos que vivemos hoje, poderão ver que, em todos os setores, as coisas se sucedem com extrema rapidez, e o tempo foge veloz, como um vento que tudo precipita, rumo a um alvo que não se sabe qual seja; e quanto aos seres humanos, estes lutam sofregamente para a conquista de bens materiais, sem levarem em conta serem todos perecíveis e ilusórios.

Com raras exceções, esse é o aspecto geral, e poucos são aqueles que se voltam para a vida espiritual em busca de Deus, visando conhecer as realidades verdadeiras, que são aquelas que permanecem para sempre.

Mas aqueles que já são esclarecidos espiritualmente sabem que essa ansiedade, essa obsessão por bens e prazeres materiais são sinais próprios dos termos finais de períodos evolutivos, durante os quais tudo é apurado e todo o bem e todo o mal podem acontecer a nossa humanidade encarnada ou desencarnada.

Feliz remate seria esse de se poder apresentar agora ao Condutor Espiritual do nosso mundo condições psíquicas e morais satisfatórias e dignas, concordantes com os ensinamentos deixados como padrões de conduta.

Mas, infelizmente, o que se verifica é um forte e geral atraso espiritual, uma degradação lastimável de sentimentos e uma evidente insensibilidade a esses ensinamentos salvadores, com evidente dominação do materialismo e crescente irreligiosidade.

Pois, justamente para fazer face, embora inicialmente, a essa deplorável situação, e para recuperação do largo tempo malbaratado, é que se criou, em 1950, esta Escola, na qual entraram hoje como Aprendizes e cujo objetivo funcional primeiro é a Reforma Íntima compulsória e individual, mas cujos programas e servidões escolares são simples e acessíveis a todos.

Os resultados desse empreendimento, após esses 24 anos de funcionamento, já podem ser vistos como altamente compensadores e produtivos, tanto no campo interno individual como no coletivo, salvo pequenos senões inevitáveis, aliás, a todos os empreendimentos humanos.

No mundo de hoje, tão afastado da paz, da harmonia, da fraternidade, e, em contrapartida, tão contaminado de violência, confusões e impurezas e, por isso mesmo, tão imerso em sombras e sofrimentos que, dia a dia, crescem de vulto, a inauguração de uma Escola como esta, que visa a integração de seres humanos na doutrina de amor e de paz, pela qual Jesus entregou-se à morte na cruz, é acontecimento que se deve marcar com bênçãos e preces, porque são projeções luminosas para o futuro, marcos que se colocam nos caminhos escuros que os homens trilham, desorientados e inseguros, sem alvos dignos a atingir e ideais elevados a sustentar-lhes as forças.

Caros Aprendizes: Se forem devotados ao esforço de Reforma Íntima e humildes bastante para reconhecer e combater suas inferioridades pessoais (problema que é de todos nós); se se mantiverem firmes na sua fé e conscientes das responsabilidades que hoje assumem, a saber: de se prepararem para Discípulos, tendo seu corpo físico limpo de vícios e impurezas como limpo também deve ser seu Espírito, certamente que obterão êxito e serão capazes de honrar em breves dias, com seu testemunho pessoal, os ensinamentos do Divino Mestre Jesus.

Na preparação íntima de vencer a si mesmos, as conquistas que obtiverem serão seu escudo contra as agressões do mundo exterior, com os males que nele prevalecem. Mas para isso é que a

Aliança Espírita Evangélica se criou e se dedica a manter acesos os ideais de religiosidade cristã, na forma racional própria da Doutrina Espírita, como também a auxiliar os seguidores de boa vontade nos seus esforços de preparação nesta Escola e fora dela, como Discípulos, em todos os passos e circunstâncias, para que tenham êxito, desde que, bem entendido, se esforcem por merecê-lo.

Com todos estejam as bênçãos do Divino Mestre.

16

Investidura de Discípulos da 3ª Turma G. E. Razin da Aliança — 1974.

Com a mesma satisfação com que aqui compareço, assim me congratulo com a Aliança Espírita Evangélica por esta realização de tão alta e expressiva significação espiritual.

Quando uma turma de Servidores é promovida a Discípulos, é o mesmo que abrir caminhos novos em muitas direções, ampliando por muitas partes as atividades construtivas da evangelização; é como raios luminosos que partem de um mesmo centro, para iluminar regiões escuras e necessitadas.

A Escola de Aprendizes do Evangelho foi organizada de maneira a poder funcionar em qualquer parte, na mesma integral e harmônica estrutura, sem outro condicionamento que a presença de interessados no próprio encaminhamento e preparação espiritual; sem outras particularidades ou exigências como, da mesma forma, independe de opiniões pessoais ou filiações.

Em qualquer Casa Espírita digna desse nome pode ela lançar seus fundamentos e livremente funcionar, pois que suas raízes verdadeiramente somente se fixam no coração daqueles que a procuram, por ela passam ou nela definitivamente permanecem, por saberem que é o degrau mais seguro para atingirem sua ascensão espiritual. Seu mandamento maior e principal é que os que lhe batem à porta realmente desejem devotar-se aos esforços do auto-aperfeiçoamento moral, para que sejam dignos da investidura final, que é esta que está sendo agora concedida àqueles que a mereceram.

O fato desta turma estar recebendo agora sua liberação como Discípulos prova o quanto a Escola é flexível, adaptável, acessível e liberta de preconceitos e como nada impede que satisfaça as necessidades iniciáticas dos alunos, em qualquer ponto da preparação.

Se no pouso anterior, há três meses, assistimos a conclusão dos cursos e início do estágio probatório, sentimo-nos felizes hoje por podermos apresentar aos novos Discípulos nossos mais sinceros votos de pleno êxito, para que sejam dignos, todo o tempo, do título simbólico que hoje recebem em nome do Divino Mestre, do qual são agora porta-vozes no ambiente do mundo, sob cuja égide foi ela inaugurada por nós mesmos na grande casa do seu pouso primeiro há 24 anos.

E que esta etapa que hoje começa seja o coroamento dos seus esforços nesta atual encarnação na Terra e conquista definitiva de verdadeira libertação espiritual no futuro.

17

Conclusão da 21ª Turma da Escola de Aprendizes do Evangelho da FEESP — Novembro de 1974.

Há neste mundo, atualmente, inúmeras crenças professadas por milhões de pessoas, como, também, milhões de pessoas materialistas e até as descrentes da existência de Deus.

Os que possuem crença estão divididos em centenas de cultos e doutrinas diferentes, que têm como base o conhecimento das criaturas e a existência de Deus Criador. Várias delas estabelecem regras para a vida e para a morte, visando a progressão espiritual na eternidade, e outros interessam-se somente pela vida presente, visando recompensas futuras após a morte física.

Essa enorme diversidade de crenças mostra o grau de atraso espiritual da humanidade e, nesse imenso panorama mundial, verifica-se que as religiões que apresentam melhor índice de construtividade e dinamismo social são as que provêm do Cristianismo Primitivo, conquanto dogmáticas, políticas e mundanas agem num sentido semelhante e a elas deve-se a perpetuação do Evangelho de Jesus, através da Idade Média e até os nossos dias.

Com o advento do Espiritismo, em meados do século XIX, a situação melhorou grandemente do ponto de vista de conhecimentos revelados e mais objetivas metas espirituais a alcançar para a redenção. Mas a lentidão de sua propagação durante quase um século prejudicou o movimento renovador que ela representa, e somente com a criação de escolas e cursos, a unificação e a metodização de trabalhos práticos nesta Federação, a partir de 1940, mas sobretudo com a criação desta Escola de Aprendizes do Evangelho em 1950, o movimento recebeu o devido impulso de progresso e a devida atualização em relação à evolução de todas as atividades da vida humana no planeta que a situação atual do mundo estava a exigir cada dia mais imperiosamente.

Esta é a 21ª turma desta Escola e o número apreciável de alunos que terminam hoje seu período de preparação traz ao coração de seus Dirigentes, Expositores e Auxiliares, esperanças bem fundadas de proveitosas e construtivas atividades no campo social dos futuros Discípulos.

Como é fácil de compreender, enorme é a responsabilidade do Espiritismo como doutrina que se coloca no mundo como a 3ª Revelação, pois que deve restaurar o que foi deturpado pelos séculos no sentido espiritual, no caráter e na essência dos ensinamentos, assegurando aos seus profitentes o cumprimento das promessas do Divino Mestre a seus seguidores nos dias futuros, estabelecendo as bases desse cumprimento nos dias atuais.

Em um mundo que se afunda na materialidade, essa responsabilidade se reflete em todos nós profitentes da Doutrina, no mínimo no campo da exemplificação da fraternização e da conduta reta e justa, tendo em vista o que Jesus ensinou dizendo "que pelo muito que vos amardes uns aos outros, conhecerá o mundo que sois meus discípulos".

E também repetiu recomendação que deu a cada passo, dizendo que "amássemos a Deus sobre todas as coisas e ao próximo como a nós mesmos", nesta frase estando contidos as Leis e os Profetas, como a dizer que inúteis seriam quaisquer outras preocupações e grandezas mundanas se assim não fizermos, fugindo aos testemunhos exigidos dos Discípulos.

Outra coisa que deverão ter em vista é que, para recuperar o tempo perdido de quase um século na propagação e apressar a formação de trabalhadores realmente preparados e não somente animados de boas intenções, no programa desta Escola foi estabelecida a Reforma Íntima compulsória e controlada, para que o número de Discípulos formados em boas condições espirituais pudesse fazer frente à vastidão das necessidades no campo do esclarecimento e das transformações morais dos profitentes da Doutrina, que se interessassem pela conquista de uma evolução mais rápida e perfeita.

A partir de sua fundação em 1950 até esta data, o número de Discípulos pode ser contado na marca dos milhares e o trabalho que executam por conta própria nas áreas sociais que lhes são próprias é bastante animador, mau grado as dificuldades encontradas para as realizações deste tipo, executadas com sacrifício e desprendimento, numa época em que os valores dominantes são justamente aqueles cuja eliminação o Discípulo deve exigir nas suas doutrinações.

É de esperar que os alunos desta turma estejam preparados para a execução dessa edificante tarefa que o Divino Mestre lhes entrega hoje e que tenham aproveitado ao máximo possível os ensinamentos aqui recebidos, mas, principalmente, os do campo da purificação própria, com eliminação de vícios e defeitos morais, que tanto retardam nossa evolução.

Concluindo hoje este estágio de preparação espiritual, bem poderão imaginar sobre os compromissos que assumirão como arautos verdadeiros do Divino Mestre, não só na difusão do Evangelho como na exemplificação, na vivência rigorosa de todos os dias e todas as horas, para que também executem sua tarefa com devotamento e competência, animados da fé robusta e inalterável, que faz os grandes êxitos em quaisquer esforços que se desenvolvam.

São estes os votos que fazemos como o mais velho dos Aprendizes.

18

Saudações a Dirigentes e trabalhadores de Buenos Aires, Argentina — 1975.

Na nobre nação argentina o Espiritismo Evangélico apenas desponta, iniciando seus primeiros passos, e seria de todo indispensável que a esta fosse dada, como segurança, melhor orientação, visando uma meta única e verdadeira, em face dos ensinamentos do Divino Mestre Jesus.

Dobrado será o mérito dos que realizarem esse trabalho, porque terão o caráter de pioneiros de um benéfico cometimento religioso.

Mas, para que haja êxito, os esforços devem ser feitos acima das inferioridades humanas, os trabalhadores sopitando em si mesmos paixões, defeitos, vícios e desejos menos dignos, que comumente alimentam os instintos inferiores que devem ser eliminados das almas humanas.

As grandes obras espirituais em geral são feitas com sacrifícios pessoais de seus realizadores, que jamais colhem frutos materiais dos seus esforços, mas, muito ao contrário, sempre são combatidos, desprezados e até mortos.

Assim foi com os messias de todos os tempos, os profetas, os missionários em todos os lugares. E Jesus, o doce profeta galileu, também o foi, não fugindo à regra. E quando o trabalho visa recompensas imediatas, quase sempre não frutifica, porque tem em si mesmo a marca da ambição ou da vaidade, próprias do mundo transitório que ainda habitamos.

Edifiquemo-nos todos, líderes e trabalhadores, nesses expressivos exemplos, sacrificando-nos pela obra que temos em mãos, sem qualquer idéia de recompensa terrena, ou qualquer ambição menos elevada de posições, cargos e vantagens, sem qualquer esperança de notoriedade, valores efêmeros que passam como tudo o mais que faz a grandeza ilusória deste mundo inferior, unicamente esperando que revertam em nosso favor as conseqüências, elevadas e benéficas dos nossos atos, o valor intrínseco do que tenhamos realizado no campo interno e no do benefício aos nossos semelhantes.

Se assim procedermos, na certa que teremos êxito, porque poderemos contar com a imensa cobertura dos exércitos celestes que lutam nos espaços pela redenção desta humanidade sofredora e atrasada.

Se cerrarmos os sentidos às tentações que vêm do mundo exterior, de dentro de nós mesmos e dos Espíritos inferiores que trabalham contra os movimentos da luz redentora do mundo impiedoso e bruto, na certa que teremos êxito; se cerrarmos os ouvidos às palavras enganosas daqueles que da vida espiritual somente enxergam ou aceitam o que lhes convém, furtando-se à Reforma Íntima, na certa que teremos êxito; mas, caso contrário, por mais que seja feito e por mais que nos dediquemos ao trabalho, este não será produtivo no sentido espiritual e estaremos da mesma forma, com as mãos vazias.

O importante, pois, é produzir o trabalho adequado, com a orientação verdadeira, no caminho certo. Isto evita perda de tempo, de energias, de inquietações e dúvidas e assegura ao trabalhador o salário justo, segundo o julgamento dos planos maiores, porque cada um recebe segundo suas obras, colhendo os frutos do que semeou.

19

Mensagem para os Alunos dos Cursos de Médiuns, São Paulo, Capital — 1975.

Revelações novas dizem que o aspecto espiritual do Brasil, com certas variações regionais, é o de um psiquismo moderado, tendendo para o Espírito, o que quer dizer que a espiritualidade ainda está se formando.

Presentemente há uma forte tendência para a predominância do intelectualismo sobre o sentimento e as virtudes cristãs fixadas no Evangelho de Jesus. Pretende-se um espiritismo racional e científico, aliás fortemente disputado pela Parapsicologia, julgado o mais importante, relegando-se a condição secundária as atividades evangélicas, as únicas que, no momento, têm possibilidades de encaminhar para a redenção, permitindo enfrentar com seriedade o selecionamento cíclico que se aproxima velozmente e que, de certa forma, já está sendo executado, porque os que vão já não voltam e vão tomando o rumo devido.

É inegável a necessidade de unir os atos psicofísicos às manifestações do Espírito no setor mental (e a Codificação da Doutrina ressalta bem essa verdade) para que se possa compreender a vida; porque Deus é intrínseco nos seres e não exterior; no ser humano mostra-se como inteligência e sentimento e, na natureza, como força de renovação; mas essa unidade é imperfeita sem o seu elemento principal de êxito que é a vivência evangélica.

O plano etéreo da Terra interpenetra o plano físico e é habitado por Espíritos de apreciável evolução intelectual que dali interferem na esfera encarnada através dos médiuns, utilizando seu ectoplasma, mas existem ali também Espíritos mais elevados, com tarefas a desempenhar na Terra e cuja vibração, pesada, impura, opressora, dificilmente suportam, a não ser nos momentos mínimos dos trabalhos que lhes cabe desempenhar.

Na fase atual, às vésperas do selecionamento cíclico, a mediunidade é o principal recurso cármico a lançar mão pelos responsáveis espirituais pelo progresso da Terra.

Ela faz parte intrínseca do plano crístico de redenção dos Espíritos encarnados. Daí a importância transcendente da formação de médiuns evangelizados.

No momento, os Espíritos que mais intensamente tentam influir nos acontecimentos do nosso país são aqueles que formaram civilizações passadas, portadores de um magnetismo animal fortemente negativo.

Vivem também no etéreo da Terra e se esforçam por estabelecer no país lutas de classes e governos dominadores e violentos, o que certamente conseguiriam se não fora a destinação evangélica do Brasil.

São Espíritos orgulhosos que concentram no intelecto suas maiores possibilidades de ação e por isso tentam impor a predominância do setor intelectual.

Ao desencarnar permanecem no mesmo setor etéreo em grande número, formando uma comunidade social cientificamente poderosa e bem organizada. Os médiuns são os seus alvos preferidos.

A mediunidade é atributo de todos sem exceção, mas poucos se conscientizam dessa verdade e desenvolvem suas possibilidades, que, aliás, tanto podem ser utilizadas para o bem como para o mal, segundo os pendores e a maturidade do Espírito que a utiliza. Mas de uma forma ou de outra, no intercâmbio espiritual, para as influenciações, a matéria-prima, a energia motora do desenvolvimento e das realizações é sempre o ectoplasma, o fluido magnético animal de contato, o mais poderoso e versátil elemento de ação, utilizado nos dois sentidos, do bem ou do mal, segundo a qualidade do Espírito que o manipula.

Exemplos dessa predominância há muitos, bastando porém citar o nazismo, o comunismo, o fascismo, todos atuando no sentido contrário à corrente crística que é amor, tolerância, perdão, fraternidade.

Essa corrente do Bem é sempre mais poderosa que qualquer outra, porém suscetível de reduções nos seus efeitos, por força do livre-arbítrio humano, que, por maioria evidente, pelo atraso evolutivo prefere sempre as sendas tortuosas do Mal, mesmo quando disfarçado com roupagens brilhantes e atrativas.

Para seu aprimoramento os médiuns devem ter em vista, em resumo, as seguintes recomendações:

— fugir à estagnação e às comodidades da rotina;

— esforçar-se, dia a dia, para manter o corpo físico em condições de eficiência;

— apurar continuamente as condições da Reforma Íntima, sempre fiscalizando e recomeçando;

— estender sua colaboração no serviço do bem aos semelhantes, evitando competições pessoais e ostentação de suposta sabedoria, para poderem realmente ser úteis na construção das obras do Divino Mestre.

A hora é dos médiuns e dos bons trabalhadores; em suas mãos está grande parte do êxito do trabalho do Plano Espiritual, por serem eles, aqui na Terra, seus braços e seus olhos e os canais pelos quais transmitem seus pensamentos, instruções e esperanças.

Os instrutores espirituais e benfeitores em geral se ressentem com nossas dúvidas, erros, transgressões, ignorância e uso imoderado do livre-arbítrio, que para eles representam sacrifícios, perda de esforços, dificuldades no cumprimento de suas tarefas e responsabilidades.

Mas se agirmos sempre bem, isto é, dentro do que o Evangelho ensina e determina, facilitaremos enormemente suas tarefas benfeitoras e teremos colaborado com Jesus para o êxito de sua missão redentora na Terra.

20

Mensagem aos novos Servidores do CEAE Genebra — Setembro de 1975.

Caros Amigos e Jovens Companheiros:

Nos dias que vivemos e olhando o mundo que nos rodeia e por mais longe que o façamos, o que vemos é sempre o mesmo panorama triste e desanimador, da dominação da matéria sobre o espírito, da descrença sobre a fé, da supremacia das forças negativas sobre aquelas que constroem e dignificam o homem encarnado, permitindo sua ascensão desembaraçada para esferas superiores do cosmo espiritual.

Poucas são as exceções a esta generalização e destas é de certo modo o nosso país, onde prevalecem as tendências para a espiritualidade sobre as do negativismo e da indiferença religiosa.

Essa dominação de violência, ambição e desvario já de há muito infelicita o mundo; e as dificuldades da vida atual, com o deslumbramento em relação às conquistas da ciência materialista, tornam o quadro mais sombrio, afastando os homens do convívio com as coisas de Deus, cujo culto é relegado a segundo plano, em face das atrações dos sentidos que o mundo oferece a mancheias.

Raros são os lugares, inclusive nesta grande metrópole, onde se pode ainda encontrar aconchego, paz, serenidade, silêncio e vivência fraterna espontânea.

As religiões dogmáticas perderam seus atrativos e já abandonam seus habituais fastígios mundanos, entrando também na luta pela sobrevivência, e as tradições do Cristianismo Primitivo, perdido seu esplendor exterior, se substituem agora pelas luzes eternas das iniciações espirituais quando bem conduzidas, com base rigorosa no Evangelho de Jesus entendido em espírito e verdade.

Mas os valores materiais sempre predominam e a posse de bens e de posições sociais de evidência são as ambições da maioria, ainda não tocada pelas luzes do Evangelho Redentor.

Este é o panorama do mundo no momento em que irão caminhando com boa vontade nas trilhas certas que levam a sua preparação espiritual de trabalhadores do Divino Redentor.

No primeiro grau, como Aprendizes, fizeram vocês um período de necessária adaptação aos programas e servidões da Escola e ao mesmo tempo o mais importante, que é o início da batalha contra vícios, hábitos e costumes prejudiciais que porventura possuíam e certamente que o conseguiram, porque em caso contrário não estariam aqui agora como parte e razão principal desta solenidade.

No segundo grau — o de Servidor — para onde vão agora, o esforço de autopurificação continua, com o combate aos mesmos vícios e defeitos morais, próprios do homem inferior, mas que devem ser erradicados dentro dos limites possíveis para que, ao final do curso, possam ascender ao grau de Discípulos de Jesus, que é o termo final da preparação e o início das atividades livres e independentes, que realizarão sob inteiro livre-arbítrio para que, pelas próprias obras, possam enfrentar o selecionamento espiritual para a formação da nova humanidade da Terra, no Terceiro Milênio cristão.

Esta é a trajetória do Discípulo, que ele mesmo traça, constrói e percorre como trabalhador e porta-voz do Divino Mestre nas sombras deste mundo ainda atrasado e infeliz.

Estes são os votos que fazemos e rogamos ao Pai Criador para que esse esforço seja coroado de pleno êxito.

21

Mensagem aos trabalhadores da Aliança Espírita Evangélica — 1975.

Concito os companheiros da Aliança a meditar sempre sobre o que disse o Divino Mestre, a saber: que a casa construída sobre a rocha permanece, porque resiste aos ventos e às tempestades.

A Aliança é construída sobre a rocha do Evangelho, a rocha do amor aos semelhantes, amor que é a lei maior, a mesma que presidiu a Criação Divina.

Estes serão os alicerces seguros que lhes daremos: soprem os ventos, desabem as tempestades, a casa permanecerá segura, indestrutível, porque é construída sobre a rocha do amor e da fé.

O mundo de hoje apresenta esse aspecto desolador de violência, temores, guerras, insegurança, porque o processo de cristianização ainda está atrasado, devendo prosseguir até que ocorra o triunfo do espírito, a parte final do plano de redenção iniciado por Jesus, para cujo auxílio o Espiritismo foi dado ao mundo.

Intenso esforço está sendo feito por falanges de Espíritos vindos de muitas partes, com o poderoso auxílio do surto mediúnico que se processa na Terra, visando diminuir a densidade do etéreo terrestre, para que as influências benéficas vindas do Alto possam abrir os horizontes e atingir a humanidade mais facilmente.

Espíritos devedores, todavia, retidos há milênios no umbral terreno, estão sendo agora soltos e lançados ao renascimento na Terra e por isso é que aumenta enormemente o número de obsessões e perturbações, em geral, por toda parte.

Mas, mesmo que não se perceba, aos poucos tudo vai mudando, as máscaras dos aproveitadores vão caindo, desmoronando os falsos pilares de sustentação das convenções humanas e, no espaço, tomam posição milhares de seres mais sensíveis e evoluídos, cujas legiões dia a dia engrossam; e a luta recrudesce nos dois planos pela disseminação do Evangelho no mundo, para que se possa efetivar o selecionamento da humanidade e as hostes dos mais evoluídos e evangelizados atinjam as portas da Nova Jerusalém, prometida àqueles que forem fiéis ao Cordeiro até o fim.

22

Mensagem aos Médiuns em geral — 1975.

No trabalho comum de atendimentos de uma Casa Espírita, vivemos dia e noite rodeados de infelizes e sofredores de todos os tipos, e cuidamos deles dentro dos limites do que nos é possível, mas não devemos sofrer por causa disso mas, muito ao contrário, nos alegrarmos pelas oportunidades inúmeras que nos são proporcionadas de evoluirmos, exemplificando os ensinamentos evangélicos do Divino Mestre.

Nos mundos baixos como o nosso, de expiações e de provas, os melhores resultados evolutivos obtemos sofrendo com paciência, compreensão e desprendimento os altos e baixos da vida, os imprevistos, as privações, as doenças, os acidentes, as servidões do trabalho altruísta em bem dos semelhantes, porque a vida pacata, inalterável, em meio a comodismos, bem-estar, riquezas, é vida estagnada, afastada das oportunidades de aprimoramento constante para evoluir.

Nossa atual encarnação com seus problemas, previamente estudados, aceitos e compromissados, representa o capital que o Alto nos proporciona para que o apliquemos e façamos render lucros.

Isso quer dizer que os problemas cármicos que defrontamos devem ser equacionados e resolvidos convenientemente de acordo com as regras e os princípios espirituais que, felizmente, já conhecemos, os defeitos combatidos, os vícios eliminados, o perispírito purificado, as dúvidas resgatadas, com paciência e compreensão, convindo lembrar a recomendação de Jesus quando disse que devemos nos entender com nossos desafetos enquanto estamos no caminho com eles.

E por que essa providência assim tão imperiosa?

Porque se não o fizermos, nossos cobradores cármicos nos

esperarão ao desencarne, para ajustarem contas, exercendo vinganças e represálias dolorosas, sem possibilidades de apelação.

Dentre os instrutores que assistem aos Médiuns e Aprendizes é de justiça colocar também Espíritos vindos de outros orbes que ensinam a viver no lado bom. São missionários precursores de idéias novas e vários deles orientam trabalhos e escolas e encarnam personalidades terrenas.

Alguns vivem entre nós, são técnicos, líderes religiosos que agem operando movimentos progressistas, e outros que vivem no anonimato, produzindo obras de amor desconhecidas.

Preparam aqueles que devem habitar a nova Terra e, para isso, estimulam e intervêm para se criarem e se manterem cursos, escolas e outras atividades preparatórias dessa transição evolutiva tão importante.

No esforço demorado da cristianização, o homem encarnado conta com auxílio, jamais negado, dos Benfeitores Espirituais, mensageiros do Divino Mestre; mas a vitória não depende destes mas do próprio homem, que, agindo por livre-arbítrio, escolhe seus próprios caminhos e companhias; depende também da interferência dos Espíritos obsessores habitantes dos mundos etéreos que, à sua vez, seguem também caminhos próprios, e ainda depende de uma parte técnica representada pelo ectoplasma, fluido magnético animal de contato, cujas condições e qualidades variam de uns para outros, atraindo seres evangelizados ou materializados.

No primeiro caso — seres evangelizados —, o ectoplasma é fino, delicado, puro e, em sua constituição e luminosidade, os Espíritos bons se entrosam facilmente, criando incompatibilidade para os Espíritos inferiores e, caso contrário, o ectoplasma é denso, escuro, impuro e atrativo somente para Espíritos dessa categoria inferior.

A evangelização é, pois, o elemento que resolve as dificuldades e projeta o Espírito encarnado firmemente na sua rota de redenção.

23

Mensagem para Dirigentes de Turmas — 1975.

Adotar o Espiritismo como crença pessoal é um acertado passo na senda evolutiva.

Como espírita, de qualquer grau de compreensão, inscrever-se na Escola de Aprendizes do Evangelho, eis um segundo passo, mais largo que o primeiro, um avanço maior no caminho que leva ao progresso espiritual.

Obtido bom aproveitamento na Escola e transferido o Servidor para a Fraternidade dos Discípulos de Jesus, isso representa um ponto já bem alto na caminhada espiritual, desde que, bem entendido, como Discípulo se disponha a iniciar sem demora a vivência evangélica independente, desenvolvendo labores de exemplificação no meio social, segundo programa próprio, ou em sentido de colaboração criativa.

Finalmente, como Discípulo, ser indicado para exercer a tarefa de Dirigente de turma na mesma Escola, isso se torna uma complementação honrosa, uma oportunidade magnífica de acelerar o aprimoramento, desde que, também, bem entendido, preste boas contas nesse nobilitante cargo.

Pode-se encarar essa tarefa como um desafio e como um teste; desafio, porque o Discípulo põe à prova sua capacidade formadora e condutora de almas; e teste porque mostra como aproveitou realmente o conhecimento recebido na Escola, e se a reforma moral ali realizada foi obtida em profundidade, tornando-se assim digno de maiores encargos no futuro.

Para o bom desempenho dessa tarefa convém ter em vista o que foi publicado no nº 7 de *O Trevo* — jornal da Aliança —, onde foram enumeradas em 6 itens as qualidades necessárias a um bom Dirigente. Logo no preâmbulo foi dito que o Dirigente é o pivô em torno do qual giram a assiduidade, o interesse pelo estudo, o esforço da Reforma Íntima, a perseverança nesse esforço e o aproveitamento geral do trabalho, que é o mesmo que dizer tudo isso em resumo.

Examinemos, porém, mais detalhadamente esses itens:

1) *Capacidade de comunicação com os Aprendizes*: Se o Dirigente for uma simples figura de proa, inerte e pomposa, nenhuma boa influência exercerá na vida da classe. Isso quer dizer que o Dirigente não deve abster-se, isolar-se, omitir-se, limitando-se à rotina de "presidir a reunião", mas, sim, penetrar em todos os assuntos internos e externos que se relacionem com o processo de iniciação dos Aprendizes, fazendo-se árbitro dos problemas, tornando-se útil em todos os sentidos.

O mesmo preâmbulo diz que o *Dirigente faz a turma*; bom Dirigente significando bons resultados finais do trabalho comum.

Isto quer dizer que é importante a presença do Dirigente, seu modo de agir, suas qualidades de líder, de condutor, mas, sobretudo, importante sua capacidade de exemplificar, pois ele é a imagem viva do indivíduo espiritualizado que a Escola tem em vista formar em grande número.

O aprimoramento do Aprendiz não advém somente dos ensinamentos que recebe, mas das transformações morais que estes promovem no seu íntimo e que são as mesmas que o Evangelho exige. O Dirigente é o exemplo vivo dessas conquistas espirituais, que nele se refletem como num espelho, e isso tanto na vida escolar, como na social e na doméstica, porque a Escola prepara em todos os sentidos, para todas as circunstâncias.

2) *Boa integração nos conhecimentos doutrinários* e, sobretudo, nas finalidades essenciais da Escola:

Não será bom Dirigente aquele que não conheça bem a Doutrina, porque os Aprendizes vêem nele uma fonte rica de conhecimentos, de esclarecimentos, respondendo perguntas, dirimindo dúvidas, solucionando problemas conscienciais, tudo com base no que a Doutrina ensina e a Escola tem como finalidades fundamentais.

No mesmo preâmbulo também se diz que para ser um bom Dirigente não basta a boa vontade, sendo preciso ter qualidades especiais e preencher determinadas condições. E isto é evidente porque ele ocupa uma posição, como já dissemos, de liderança intelectual e moral e, sem essas qualidades, a boa vontade sozinha não prevalece, porque não assegura bons resultados no esforço a dispender pelos Aprendizes.

3) *Vida limpa, inatacável*, doméstica e social:

Se não tiver essas qualidades, que condições terá para formar ou corrigir caracteres e guiá-los no aprimoramento espiritual? Que autoridade moral terá para orientar, aconselhar, indicar o melhor rumo?

4) *Objetividade, facilidade de expressão verbal* e capacitação pessoal no campo da Reforma Íntima:

O Evangelho é ação pura, simples e direta, sem subterfúgios, enganos ou acomodações; portanto, o que se ensina deve ser também direto, simples e verdadeiro, utilizando-se palavras apropriadas, claras e compreensíveis.

A nebulosidade ou o subentendimento, próprios, de algumas filosofias, não se compatibiliza com a vivência evangélica. Jesus mesmo ensinou dizendo que o falar deve ser sim, sim, não, não.

Esta tarefa, por outro lado, deve ser executada por quem tenha sido penetrado do idealismo que a Escola ressuma, irradia e, preferentemente, tenha cursado a Escola e ingressado em condições na Fraternidade dos Discípulos de Jesus.

5) *É vedado ao Dirigente alterar* os programas da Escola e as suas finalidades evangélicas:

Qualquer alteração, divagação ou desvio literário ou doutrinário traz confusões, perda de tempo e inutilidade para o fim que se têm em vista, que é: preparar trabalhadores evangelizados e aptos à difusão do Evangelho no campo social e nos corações; e os programas da Escola foram organizados justamente nesse sentido.

6) *Sensibilidade didática* para manter o interesse e a progressão do esforço da Reforma Íntima:

Isso é importante porque, apesar de reduzidos, os programas são substanciais, e a monotonia deve ser evitada o mais possível. É preciso ter inalterável o interesse dos Aprendizes, tanto para as exposições teóricas, como, principalmente, no esforço de Reforma Íntima. Isto requer amenidade e clareza nas exposições, evitando prolixidade, o que exige preparação aprofundada da matéria a expor.

O sistema de perguntas e respostas deve ser sistematizado com clareza e proficiência, objetivando o ensino o mais possível, com freqüentes estímulos e sempre aplicada a criatividade direcional.

O artigo que vimos comentando termina por declarar que qualquer falha ou ausência de expositores o Dirigente suprirá, quando for apto e bem integrado na tarefa, compensando assim, de uma ou de outra forma, a falta ou ausência e, conseqüentemente, evitando prejuízos e atrasos no aproveitamento dos Aprendizes.

Ao encerrar esta mensagem devemos dizer que o tipo ideal de Dirigente aqui descrito nem sempre se pode obter, sendo necessário recorrer a substituições muitas vezes medíocres, inadequadas ao duplo fim do ensino, porque, se a parte teórica, simplesmente complementar, prevalecer, por ser mais facilmente substituível, o prejuízo será do setor fundamental, mais importante, que é o da Reforma Íntima, que, em grande parte, depende da atuação, do auxílio e da capacidade pessoal do Dirigente da turma.

24

Mensagem para Dirigentes de Escolas e Cursos de Médiuns — 1975.

O Dirigente de Escolas ou Cursos de Médiuns, antes de quaisquer outros requisitos, deve ser conhecedor do assunto, não só por uma questão de lógica e coerência, como, também, pela própria transcendência do problema em si mesmo, visto que são-lhe entregues, para o devido encaminhamento, irmãos nossos comprometidos, desde antes da reencarnação, a colocarem ao serviço da redenção dos semelhantes as faculdades psicofísicas que lhes foram concedidas pelo Plano Espiritual.

Sendo a mediunidade o canal mais seguro e apropriado do intercâmbio entre os dois planos — etéreo e físico —, por ele é que vertem para a Terra e se difundem os ensinamentos, as instruções, e as diretrizes que os colaboradores e representantes do governo espiritual da Terra transmitem para o bem de todos.

Por esse canal é que também se exerce o intercâmbio evangélico da caridade espiritual, que desce dos céus como uma bênção sobre todo o sofrimento humano, facultando aos Benfeitores acudirem aos necessitados encarnados, no cumprimento da promessa feita pelo Divino Mestre, segundo a qual, depois que se retirasse, mandar-lhes-ia o Paracleto, o Consolador, através dos quais continuaria a assistir a todos, auxiliando-os e encaminhando-os nas suas dificuldades, desvarios e sofrimentos cármicos.

A mediunidade no momento é o recurso mais valioso que o Plano Maior possui para assegurar a redenção do maior número de seres humanos e, por isso, depende grandemente dos médiuns bem preparados e capacitados.

Tudo isso o Dirigente deve ter presente quando se coloca à frente de uma turma de médiuns, para o competente desenvolvimento, do qual também irão depender o comportamento, o êxito ou o fracasso de suas atividades futuras.

Para orientar e facilitar o trabalho dos Dirigentes é que sugerimos o método chamado "Das Cinco Fases", que, quando aplicado com o devido conhecimento e obediência às regras estabelecidas, garante um desenvolvimento consciente, eficiente, suave e seguro, mesmo porque nele participam os instrutores espirituais em larga escala, como grandes interessados nos seus resultados.

O problema, portanto, para o Dirigente, no sentido técnico, é enfronhar-se no método e aplicá-lo segundo as regras, para assegurar aos alunos esperança e emoção, não só no desenvolvimento propriamente dito, como no seqüente aprimoramento de faculdades que possuir; o êxito do aluno é o êxito do Dirigente, que, assim sendo, pode entregar ao Plano Espiritual, sempre presente, trabalhadores devidamente preparados, aptos ao trabalho na Terra e à colaboração nos programas estabelecidos pelo Plano Maior.

Pelo que foi exposto, os Dirigentes podem medir o grau de responsabilidade que pesa sobre eles nesta tarefa meritória de desenvolver médiuns e prepará-los para o serviço do Divino Mestre, cuja outorga lhes foi feita por Ele, diretamente, no significativo e emocionante fenômeno do Pentecostes.

25

Segunda Reunião de Fraternização da Aliança Espírita Evangélica — Dezembro de 1975.

Queridos Companheiros:

Esta realização de hoje, além de sua alta significação espiritual, demonstra, de forma bem expressiva, o quanto a Aliança caminhou na rota do seu destino evangélico nestes dois rápidos anos de existência; e quão fundas raízes lançou no coração de todos aqueles que, nesse curto período de tempo, engrossaram suas valorosas fileiras.

Na desorientação e nas incertezas que reinam no mundo de hoje, e cujos reflexos já se fazem sentir em nosso país, a Aliança despontou como uma luz tênue, imprecisa e vacilante que logo porém se transformou em uma força positiva, em franco avanço para o futuro; um farol que já ilumina longe, como uma realidade bem visível e promissora, uma instituição espírita que, fraternalmente, oferece e distribui benefícios preciosos a almas sedentas de uma espiritualidade operante, duradoura e definitiva, que somente o Evangelho de Jesus tem capacidade para tornar efetiva.

A Aliança tem alvos fundamentais já bem conhecidos, a saber: a evangelização individual pela Reforma Íntima e a união de todos os trabalhadores em torno ao Divino Mestre, para que se possa formar, sem mais delongas, a cristandade primitiva rediviva.

Nas esferas espirituais superiores, agrupam-se em torno a Jesus colaboradores vindos de todos os quadrantes do globo, avolumando as hostes do poderoso exército do Cristo na sua luta gloriosa do Bem contra o Mal, da luz contra as trevas, correndo assim a todos os trabalhadores encarnados, sobretudo aos espíritas, a obrigação de se unirem igualmente e lutarem pelos mesmos altos objetivos de fraternidade universal.

A Aliança procura realizar, com os meios que tem, a parte do esforço que nessa movimentação lhe cabe, estabelecendo a mais íntima união e sintonia entre seus membros e, desse esforço, esta reunião de hoje é um eloqüente atestado. Além dos atendimentos materiais e espirituais, oferece a paz, a união, o amor e, em suas fileiras, ninguém luta em busca de interesses meramente mundanos.

Trabalha intensamente pela multiplicação das Escolas de Aprendizes do Evangelho e de Médiuns, visando a formação de combatentes hábeis, corajosos e desprendidos, devotados ao bem e a Jesus, aptos ao testemunho na Terra, do Consolador prometido por Ele à posteridade.

Dando agora um balanço de suas atividades nesse curto período de vida de dois anos, verifica-se facilmente que a Aliança, graças ao esforço conjugado de seus Dirigentes e trabalhadores em geral, está cumprindo fielmente suas obrigações evangélicas e se capacitando para enfrentar os compromissos assumidos com Jesus, para o presente e para o futuro, ante o cortejo de violência e calamidades previstas para os próximos dias em nosso torturado planeta.

Estes são, pois, os votos que fazemos, elevando a Deus e a Jesus nosso pensamento, para que esta Aliança de idealismo e boas vontades atinja em breve seus altos objetivos e se transforme em um poderoso núcleo de forças decididas a exemplificar na Terra os ensinamentos redentores do Divino Mestre e Senhor nosso.

E que assim seja.

26

A Hora Presente, São Paulo, Capital — Fevereiro de 1975.

A difusão da Doutrina Espírita em nosso país somente a partir de 1940, com a organização da FEESP, tomou caráter objetivo, concreto e técnico de amplas dimensões. Pode-se dizer que essa organização marcou época porque propiciou novos rumos.

As atividades doutrinárias eram dispersas e, quando afloravam na monotonia do quadro geral, tinham aspecto individual restrito, de organismos e de pessoas; não havia nada de mais positivo que impulsionasse o movimento, uniformemente, com metas certas a atingir no conjunto.

Essa organização-base foi se completando aos poucos durante os primeiros anos, tendo tido seu ponto alto na parte cultural e de auto-realizações em 1947 com a unificação espírita, levada a efeito através da primitiva USE (União Social Espírita), e, em 1950, com a criação de escolas e cursos a saber: Escola de Aprendizes do Evangelho, Fraternidade dos Discípulos de Jesus e Escola de Médiuns, além dos desdobramentos constantes e amplos no setor dos atendimentos do povo para curas materiais e espirituais.

Todas estas atividades foram feitas com base nas diretrizes gerais recebidas do Plano Espiritual Superior em 1940, na organização da Casa, e que visavam, de forma essencial, a prevalência do espiritismo religioso, em concordância com a destinação do país como Pátria do Evangelho e Nova Canaã terrestre, conforme determinara o Divino Mestre, anos antes do descobrimento do país, em 1500.

Essa destinação espiritual do país, como aliás todas as outras, individuais ou coletivas, envolvia sofrimentos e glórias como, também, representava a preservação ante os cataclismos, tumultos e provações futuras, à época da passagem do milênio, na qual estamos todos agora bem penetrados.

Desses cataclismos e tumultos, nos nossos dias atuais, os indícios já são bem evidentes, e a própria ciência materialista já os anuncia e acusa como, podemos citar, dentre outros, o envenenamento da atmosfera, das águas e dos alimentos e o degelo dos pólos, que, segundo está previsto, elevará de quase 30 metros o nível dos oceanos em todo o planeta.

Prevendo as provações coletivas da humanidade, cujo sofrimento será então enorme, é que a feição religiosa do Espiritismo deve ter prevalência, tanto na difusão como na prática, mas sobretudo no íntimo de cada adepto, para que assim o Consolador prometido por Jesus esteja sempre presente por toda parte como consolação, compreensão e esperança dos que sofrem.

Essa é também a razão pela qual o Plano Espiritual está a exigir maiores conhecimentos e maior aperfeiçoamento moral dos trabalhadores e do povo em geral, e verdades novas surgirão dia a dia no campo interno de cada um, desde que, todavia, os Mensageiros do Divino Mestre ali encontrem possibilidades de penetração.

Esta é a hora em que os trabalhadores, sem vacilação, devem se afastar dos ídolos mundanos, voltando-se aberta e decididamente, para a conquista de novos e maiores valores espirituais; hora de opções, em que cada um decidirá seu destino espiritual, promovendo em si mesmos, sem automistificações, as transformações exigidas pelo Evangelho e que somente sua vivência decidida e honesta poderá proporcionar.

No Plano Espiritual os trabalhadores de Jesus se agrupam para oporem às forças das trevas maiores repulsões e melhor possam assim livrar a Terra e seus habitantes de seus malefícios; assim sendo, quem não atingir um ponto satisfatório de vivência que lhe assegure cobertura do Alto, certamente será envolvido por essas forças negativas e maiores dificuldades terá para se apresentar em boas condições no selecionamento a cujas portas estamos chegando.

E não haverá favores, nem privilégios, nem acomodações, pois a justiça de Deus é rigorosa.

Para trabalhadores em particular convém saber que somente o fato de colaborarem por si mesmos não tem valor redencionista, sendo necessário que a colaboração seja valiosa, medida em dois escalões, a saber: o da luz do campo interno e o do devotamento ao serviço em bem do próximo.

O acervo dos conhecimentos adquiridos deve ser periodicamente reajustado às bases de padrões evangélicos para que sejam da melhor qualidade os benefícios que porventura espalhem, porque se não qual valor poderão ter para os beneficiados?

Maior esforço de aperfeiçoamento cabe aos médiuns responsáveis pelo intercâmbio com o Plano Espiritual, considerando que a estratificação descamba na rotina e os processos do intercâmbio estão sofrendo substanciais alterações em campos paralelos fora do Espiritismo, podendo desviar-se perigosamente para setores improdutivos.

Para oferecer auxílios nesses esforços e estabelecer uma área livre de injunções particulares e ambições pessoais, foi criada a Aliança Espírita Evangélica, que se esforça em todos os sentidos para atingir condições de organismo padrão na formação e na exemplificação evangélica, merecendo, portanto, todo apoio dos trabalhadores de boa vontade, como instrumento legítimo em nossos meios do Plano Espiritual Superior.

27

Mensagem aos Aprendizes do Centro Espírita Aprendizes do Evangelho, São Paulo, Capital — 1975.

Em todas as turmas de alunos que terminam seus cursos profissionais, alguns conquistam notas mais altas que outros, mas a aprovação final é o que todos almejam e a todos nivela, pois que, através do título, ela lhes abre portas tanto a uns como a outros, nas atividades sociais.

Mas o mesmo não sucede no campo espiritual — que é o desta Escola — à conclusão do curso, pois que os valores apurados são escriturados no Plano Espiritual, segundo a boa vontade, o devotamento, a sinceridade e os resultados obtidos na Reforma Íntima, capacitando cada um para a execução de tarefas de maior ou menor expressão no campo coletivo.

Se no meio exterior o que importa é a aprovação com qualquer nota, nesta Escola o que importa em primeiro lugar é a auto-evangelização, haja ou não títulos ou láureas a receber.

Assim sendo, aquele dentre vocês que atingiu um grau apreciável dessa evangelização vê agora portas largas que se abrem à sua frente para atividades e construções valiosas na seara do Divino Mestre, enquanto que os que não o fizeram, embora com aprovações favoráveis, não estarão ainda preparados para os mesmos empreendimentos, devendo recomeçar nos pontos falhos se não quiserem retardar seu almejado progresso espiritual.

Meus votos são para que todos possam igualmente merecer no julgamento do Alto os mesmos índices de aproveitamento e de futuras possibilidades.

E que o Divino Mestre seja sua luz e inspiração em todas as etapas dos caminhos que tenham de percorrer.

28

Reunião da Aliança: Destinação do Brasil como Pátria do Evangelho, São Paulo, Capital — 1975.

Histórico

Conforme referência feita por conhecido escritor desencarnado, algum tempo anterior ao ano de 1500, o Divino Mestre reuniu em páramos etéreos elevados alguns de seus assessores e auxiliares e indicou-lhe a necessidade de estabelecer uma região do Globo que congregasse as esperanças de uma futura Canaã, considerando que a velha Palestina não possuía mais condições

E, ouvida a opinião dos presentes, foi escolhida a região que veio a ser pouco mais tarde o Brasil e, na mesma reunião, o Divino Mestre designou Ismael como orientador espiritual e responsável pelo futuro espiritual da nova nação privilegiada.

E o tempo passou e as coisas ocorreram e a essa nova nação o Plano Superior consagrou seu maior desvelo; e nada e ninguém jamais conseguiu retardar o seu crescimento, entravar o seu progresso, nem a força bruta das invasões estrangeiras, nem o poderio clerical dominante, nem jamais a entenebreceram as sombras escuras do fanatismo religioso e a ignorância medievais.

Dentro dessa designação a nação expandiu-se, cresceu e seu solo acolheu abertamente irmãos de sangue, cor e raça diferentes que ajudaram a formar sua estrutura e desenvolvimento.

Nesta nação predestinada a Doutrina dos Espíritos deveria nascer, firmando seus primeiros alicerces em 1792, no clima de liberdade propiciado pela chamada Conjuração Mineira, o que não pôde ser efetivado por traição e boa fé demasiadas, indo nascer, então, na França em 1857.

Mas, dentro da destinação, aqui é que a Doutrina mais fundamente se fixou, em fraterna convivência com outras filosofias e religiões, que para cá também vieram após o advento da República, cessada a ingerência abusiva nas gestões do Governo por parte de religiões dogmáticas que até então gozavam de livre interferência.

Após a Codificação em 1857, um longo período de quase estagnação por quase um século abateu-se sobre a expansão da Doutrina, cujos efeitos se refletiram também no país, onde sofreu, ao mesmo tempo, repressão cultural e religiosa; mas essa situação sofreu seu primeiro embate sério com a eclosão dos fenômenos de efeitos físicos em Belém do Pará, cuja evidência e objetividade eram marcantes e desencadearam um agitado e eufórico período de fenomenologia aberta por toda parte, mas, sobretudo, nos centros mais populosos, notadamente em nossa Capital, onde em 1910 já se abrira outra brecha com a criação da Livraria do Círculo Esotérico da Comunhão do Pensamento até hoje existente, e que se dedicou, desde o início, a traduzir para o português obras importantes do setor espiritualista do Velho Mundo, da América do Norte e do Oriente, obras essas que descerraram cortinas largas nesse setor dos conhecimentos espirituais chamados esotéricos.

E longo período se abriu novamente de fermentação de idéias e quase nenhum progresso para o Espiritismo, exceção feita a trabalhos de assistência social, que bem marcaram a tendência religiosa do povo espírita e, nesse período, o País foi sendo visitado por líderes de diferentes correntes filosóficas e doutrinas, que aqui estabeleceram filiais de suas crenças.

No que se refere aos fenômenos de efeitos físicos que tomaram conta, por assim dizer, do campo de trabalho espírita, em 1926 fundou-se a Federação, que funcionava na sede do Centro Espírita São Pedro e São Paulo, à rua Barão de Paranapiacaba, até que se mudasse, três anos depois, para a sua primeira sede própria à Rua Maria Paula, onde está até hoje, lutando então com sérias dificuldades para realizar as adaptações necessárias a um funcionamento mais apreciável.

Dum ponto de vista neutro, livre de injunções sectárias, o panorama do Espiritismo em nosso Estado pode ser analisado da seguinte maneira:

Período anterior a 1940

Estagnação, desprestígio social, dispersão, ausência de orientação doutrinária central, tendência à fenomenologia de efeitos físicos.

1940

Organização da Federação nas bases apontadas pelo Plano Espiritual Superior. Desenvolvimento do trabalho em muitos setores internos e externos.

1947

Unificação social da Doutrina e 1° recenseamento de adeptos sob a direção da USE (União Social Espírita), criada para isso. Convocação de um Congresso Estadual para oficializar a unificação e estendê-la à parte doutrinária e às práticas. Extensão da iniciativa ao plano nacional com convocação de um Congresso Nacional, que aprovou os planos idealizados, mas não se pôde assegurar o êxito da unificação em nosso Estado por ter-se a USE desviado dos rumos pré-fixados.

1950

Prosseguimento dos planos na Federação Espírita do Estado de São Paulo com providências para unificação das práticas e criação de escolas e cursos, dentre os quais a Escola de Aprendizes do Evangelho, para o setor religioso, a Escola de Médiuns para melhoria do intercâmbio espiritual, e a Fraternidade dos Discípulos de Jesus, para funcionar como órgão central de agrupamento dos trabalhadores do campo religioso, no incremento da difusão e da exemplificação evangélica.

1967

Encerramento desse período com alterações nos órgãos direcionais da Federação.

1973/74

Criação e organização da Aliança Espírita Evangélica e início pelo Plano Espiritual de revelações espirituais novas para melhor orientação doutrinária e mais severa e fiel observância das diretrizes estabelecidas em 1940 pelo Plano Maior.

A etapa da prevalência do Espiritismo Religioso foi em grande parte vitoriosa, visto que se formou uma conscientização evangélica mais generalizada no país, que os cataclismos e os tumultos previstos para os próximos anos só tenderão a aumentar, no mínimo formando uma base de maior sensibilização no íntimo de cada um.

Esse período de maior sensibilização é o que vivemos agora, com novas perspectivas de aprimoramento espiritual no setor religioso, que facilitará o selecionamento previsto para os fins deste ciclo evolutivo, oferecendo também maiores possibilidades de atendimento e orientação espiritual a necessitados em geral, que mais facilmente se esclarecerão sobre as verdadeiras realidades espirituais, neste nosso plano material e nos que estão além deste, e virão após o transcurso do milênio.

29

Mensagem para os Grupos da Aliança: Organização das Casas Espíritas — 1975.

As Casas Espíritas, no que respeita à sua organização e funcionamento, podem apresentar duas modalidades diferentes em uma suposta classificação:

a) casas mistas, espirituais e materiais, como sejam: asilos, recolhimentos, educandários, hospitais, livrarias, órgãos de assistência social, etc.;

b) exclusivamente espirituais, como sejam: escolas e cursos de preparação evangélica e iniciática, atendimentos sociais e curas em geral, reuniões públicas ou particulares de estudos e difusão doutrinária, teóricas e práticas a saber: preces, vibrações, concentrações, meditações, etc.

Na primeira das modalidades as atividades se confundem e com prevalência muitas vezes de interesses materiais.

Na segunda, as atividades materiais, se existirem, devem ser feitas à parte, tomando do tempo total a menor parcela possível, o melhor sendo convocar sessões especiais para tratar desses assuntos, necessários, aliás, à sustentação e ao funcionamento da casa, quando não houverem recursos suficientes para isso.

O ideal seria uma boa organização material administrativa e atividades todas concentradas nas realizações espirituais, dando-se a estas o maior desenvolvimento possível.

Para prover tais possibilidades é necessário o prévio estabelecimento de sementeiras de cooperadores, integrados no destino da Casa pela devida formação evangélica, quando, então, os desdobramentos operacionais se tornarão possíveis, tanto em relação à colaboração de recursos, como de trabalho espiritual.

Tudo isso pode parecer simples e óbvio, mas as dificuldades estão em se evitar desde o início improvisações de momento e firmeza, competência e perseverança em esboçar planos e levá-los até as metas prefixadas, segundo as finalidades e condições de cada Casa, para que elas não se assemelhem a casas comerciais, esquecendo-se de que as principais atividades devem ser as realizações espirituais e não as teorias atraentes ou práticas de interesse material de assistentes ou trabalhadores.

Por outro lado é natural que as casas se agrupem, quando há conveniência, sob a orientação de outras maiores, mas longe deve estar a idéia de se formarem organizações poderosas com hegemonias dominadoras, que sempre se desviam das metas convenientes.

O Plano Espiritual precisa de pontos de apoio em nosso plano material, mas a ele vinculados e não a interesses mundanos, que alimentam paixões, ambições individuais de caráter até mesmo político-partidário.

A espiritualidade não se difunde através de organizações desse tipo, pois que se apóia em corações idealistas e consciências livres que buscam verdades espirituais e não poderes do mundo físico.

Mais vale um pequeno agrupamento de Servidores idealistas, sinceros e bem integrados nos programas do Alto, que grandes organizações de cunho social que de espiritualidade só podem ostentar os rótulos, que contêm em si mesmos a força da própria desagregação.

Numa casa bem organizada e dirigida todos devem, pois, ter o mesmo anseio de se prepararem para se fazerem trabalhadores competentes e evangelizados, passando a seguir a se devotarem às exemplificações no serviço do Bem. Esta é uma contribuição que se faz pelo bem da humanidade da qual fazemos parte.

E assim todos também provarão que são bons discípulos do Divino Mestre, pleiteando, no momento oportuno, um selecionamento favorável para que novos campos se abram à sua frente na continuidade da evolução.

30

Conclusão da 18ª Turma da FEESP, Capital — Dezembro de 1975.

Caros Servidores:

Como ultimamente vem acontecendo e não podendo comparecer por impedimento de saúde, mando-lhes esta mensagem de solidariedade e estímulo.

Referimo-nos inicialmente à condição pessoal dos alunos desta Escola de Iniciação Evangélica para destacar que, defendendo-se eles do ambiente malsão que nos rodeia, recusando-se a se deixar dominar pelos vícios e maus costumes, que caracterizam a sociedade moderna, na qual o sexualismo, o alcoolismo e a amoralidade são características dominantes, lutando por adquirir qualidades justamente opostas a estes defeitos, pregando a fraternidade no egoísmo, a bondade no desamor e a pureza na sordidez, tentam fazer-se seres humanos de mentalidade invulgar, animados de ideais elevados, desprendidos de ambições mundanas, caminheiros que seguem direções diferentes, rumo a metas prefixadas de evolução espiritual.

Pois é tudo isso que devemos ser, todos nós que seguimos a Jesus nos dias atuais; que possuímos alvos bem definidos a atingir no campo do bem e da fraternidade, que nos esforçamos por manter conduta reta, justa, limpa e modelar, tanto no campo moral como no físico. Homens diferentes, que falam linguagem estimuladora, possuem sentimentos diferentes, mais fraternos, trabalhados e apurados, é isto o que todos devemos ser por termos o Evangelho como norma de ação e o Cristo como pastor a seguir, sem temor algum, pelos campos áridos e hostis deste nosso mundo de evolução atrasada.

Pois, com estes atributos é que devem sair desta Escola e de todas do mesmo tipo, existentes por muitas partes, os Aprendizes que se fizeram Servidores e agora ingressam no rol dos Discípulos do Divino Mestre.

Não nos cansamos de repetir que esta não é uma escola comum que homens do mundo manejam como lhes convêm, mas, muito ao contrário, uma arena de ação porfiada, de luta contra si mesmos, de pessoas que desejam transformar-se no homem novo que Jesus apontou como padrão humano, devotado ao Bem, disposto a conquistar vida espiritual mais perfeita.

Aqui o Aprendiz, desde o primeiro dia, deve compreender que luta para fazer-se melhor, pois que a base é o Evangelho de Jesus, o Verbo de Deus que se fez homem e habitou entre nós.

Aqueles, pois, que conseguem vencer na autopreparação dos primeiros degraus e chegam ao dia de hoje aptos a serem declarados Discípulos pelos regulamentos humanos, é de esperar que o Divino Mestre os reconheça e os receba nesse caráter e os inclua entre os trabalhadores desprendidos, que lutam pelo bem e pelo estabelecimento da fraternidade na Terra; é de esperar que se inscrevam no Livro da Vida, ao qual João Evangelista se refere no seu Apocalipse, porque, se lutaram e combateram contra si mesmos e se libertaram da animalidade inferior, não serão mais homens do mundo comum, terão horizontes espirituais mais amplos, podendo assim merecer confiança para a exemplificação do Evangelho na Terra, em nome do Divino Mestre.

A investidura como Discípulo é um ponto de partida bastante alto e significativo nas atividades que devem ser desenvolvidas a partir de agora na vida social de cada um, para que provem ser dignos do que receberam. Porque, amigos, se um necessitado recebe de graça os benefícios que a caridade distribui, o mesmo não acontece com quem recebe uma investidura de Discípulo, que não é um galardão ou uma dádiva, mas uma responsabilidade e um compromisso muito sério a cumprir.

Por isso a Escola tem o direito e o dever em benefício do próprio aluno de exigir, desde as primeiras etapas da preparação, a eliminação dos vícios mundanos, visto que está na alçada de cada um aceitar ou recusar a exigência, devotar-se ou não à luta purificadora para fazer-se Discípulo.

É fácil compreender que, nesta exigência, a Escola não visa o vício em si mesmo, mas a aquisição pelo Aprendiz da capacidade de devotar-se, vencer-se a si mesmo, purificar-se para poder assumir as responsabilidades futuras dos testemunhos e da exemplificação.

A Escola forma caracteres, prepara lutadores dos ideais cristãos no meio social, e como os testemunhos neste campo são inevitáveis, tudo o que concerne a essa preparação é justo, necessário e merece a gratidão dos Discípulos.

Encarando o problema de forma mais simples e prática, poderemos perguntar que papel será o do Discípulo ante a própria família, de irmãos de sangue ou de ideal, se voltar atrás e se se encontrar então incapacitado de ação, fugindo aos testemunhos ou decaindo e voltando aos vícios e às inferioridades que possuía antes.

E na sociedade terá forças e recursos para fazer valer sua condição de Discípulo, cumprindo fielmente sua tarefa de semeador da luz, da verdade e da grandeza moral, configurados nos ensinamentos de Jesus?

E se falhar numa prova tão simples como esta, por exemplo, de eliminar vícios e maus costumes, como enfrentará o julgamento de si mesmo nas provas cíclicas que se aproximam rapidamente, arriscando-se a expurgos intoleráveis?

Estas são as razões entre outras pelas quais a Escola exige a purificação pela reforma intima compulsória, mal-entendida e interpretada, ainda, por alguns confrades que a recusam por ortodoxia exagerada, ou que preferem aprovações formalísticas ou teóricas, que absolutamente não se enquadram no sentido evangélico e na essência do que está expresso no documento de sua fundação em 1950.

Mas como a pedra de toque de qualquer julgamento deste tipo, qualquer interrogação do campo interno encontrará sua resposta na legenda cristã do "amai-vos uns aos outros", em espírito e verdade, como Jesus recomendou.

Estamos também certos de que nenhuma destas hipóteses aqui empregadas como simples argumentos pode interessar aos caros companheiros que recebem hoje sua investidura de Discípulos de Jesus, porque muito profundamente devem estar gravadas nos subconscientes e na essência anímica de cada um as virtudes nobilitantes que conseguiram conquistar freqüentando esta Escola após se conscientizarem da importância e da transcendência dos ensinamentos que receberam.

Em verdade não sobra muito mais tempo para se deixarem as coisas a meio caminho no aprimoramento íntimo de todos os espíritas, porque os acontecimentos se precipitam e a própria Doutrina, a esta altura, já está em condições de abrir braços ao mundo e portas bem amplas para receber o fluxo dos necessitados, que as ilusões do mundo ou as meias verdades confundiram e desviaram, mas que a Doutrina deve receber, acudir, esclarecer e encaminhar para a redenção.

Pois este é justamente o trabalho dos Discípulos e para isso é que esta Escola se criou e se mantém, formando turmas sucessivas de trabalhadores evangelizados, para que se devotem a essa transcendente tarefa, como lutadores de boa vontade que se esforçam por conseguir uma evolução mais rápida, com o apuramento de sua capacidade de servirem aos seus semelhantes.

Por isso, nesta data feliz, devem-se mostrar gratos aos seus Dirigentes e expositores pelo quanto fizeram para se tornar dignos desta investidura espiritual de hoje, abrindo-lhes novos e mais amplos horizontes e que compartilham com vocês nas boas e nas más circunstâncias.

E nossos votos são para que a comunhão de todos com o Divino Mestre seja assídua e constante e o mais sincera possível, e perfeita sua conduta na sociedade onde irão atuar, como arautos e Servidores daquele que é o Caminho, a Verdade e a Vida e que os levará às esferas mais elevadas pelas obras que realizarem com inteiro livre-arbítrio, na difusão e na exemplificação de Seus ensinamentos redentores.

31

Mensagem para a Escola de Aprendizes do Evangelho do Grupo Tarefeiros do Senhor, São Paulo, Capital — 1975.

Caros Aprendizes:

O passo mais acertado que podem dar aqueles que aspiram apressar sua evolução é se espiritualizarem e se prepararem numa escola como esta para merecerem, ao final do esforço, o título de Discípulos de Jesus, título não mundano, mas espiritual, que se outorga aos Servidores no final do segundo grau de iniciação nesta Escola.

Passo bem inspirado e feliz é este que deram matriculando-se nesta Escola, pois que assim traçaram rumos certos e seguros para seu adiantamento espiritual nesta atual encarnação.

Aqui aprenderão muitas verdades que ignoram, purificarão suas almas, tomarão posição definida e clara na luta universal do Bem contra o Mal e, como futuros Discípulos, serão inscritos na legião dos que formam o imenso e vitorioso exército de Jesus, que luta pelo bem, pela paz e pela redenção da humanidade deste planeta.

Uma nobre decisão de hoje para a formação de um glorioso futuro de amanhã.

Mas para isso atingirem é preciso que lutem e vençam primeiramente a si mesmos nas suas imperfeições morais, eliminando-as e substituindo-as pelas virtudes maiores que enobrecem os seres humanos e que se caracterizam pela pureza, a persistência, a paciência e a humildade, adotando em seus atos pessoais as regras insubstituíveis da retidão e da justiça.

O lema que lhes recomendo hoje é o mesmo que todos os Aprendizes aprendem a seguir desde o início e que se resume na frase: "amar a Deus sobre todas as coisas e ao próximo com a si mesmos."

Este é um lema de vigência eterna que deverão começar a seguir hoje como Aprendizes do Evangelho de Jesus, no rastro de milhares de outros companheiros que vieram antes de vocês, animados pelo mesmo ideal e que seguem pelos mesmos caminhos na eternidade do tempo.

E que tenham êxito em seu meritório empreendimento é o que sinceramente desejamos para todos vocês.

32

Mensagem para duas Turmas novas do Grupo Razin, São Paulo, Capital — Março de 1975

Caros Companheiros:

Envio estas palavras de congratulações e de estímulo pela decisão que sabiamente tomaram de se matricularem nesta Escola de Aprendizes do Evangelho. Do ponto de vista espiritual este foi um passo acertado para se espiritualizarem, fugindo aos tumultos entorpecedores e enganadores do mundo exterior.

A desorientação espiritual que lavra por toda parte não convida a comodidades inúteis, quando o destino espiritual está em jogo, exigindo ação ponderada e justa. Com este gesto fincaram com firmeza uma estaca de apoio e segurança na rota espiritual dos seus destinos, que as luzes vindas do Divino Mestre iluminam com seu desvelado amor por todos nós.

Comprometam-se consigo mesmos a não esmorecer ante as dificuldades, que certamente surgirão no seu caminho; mantenham-se assíduos e dedicados aos estudos e aos trabalhos que lhes forem solicitados, porque tudo isso beneficiará enormemente seus esforços de Reforma Íntima, únicos que poderão assegurar êxito ao empreendimento.

Com as bênçãos de Deus, nosso Criador, e a carinhosa assistência dos instrutores espirituais certamente que vencerão a jornada e em breves dias poderão transformar-se em verdadeiros Discípulos de Jesus e seus devotados porta-vozes nas sombras e nas incertezas da vida neste nosso mundo atrasado.

33

Mensagem para a Reunião de Dirigentes da Aliança, São Paulo, Capital — 1975.

A Aliança tem como uma de suas principais metas a fraternização dos Grupos que a integram, mas isso depende em grande parte da capacidade de compreensão e de amor fraterno que cada membro dos Grupos desenvolver em si mesmo.

A união dos Grupos somente no terreno administrativo ou funcional não resolve o problema da fraternização, que tem sentido fortemente individual; mas, no campo coletivo, essa fraternização é indispensável para a integração do Grupo no Plano Maior.

A direção da Aliança tem compromissos para estabelecer essa fraternização entre os Grupos, além das atividades administrativas, visando o êxito do esforço comum, mas nem sempre alcança por inteiro esse objetivo por falta de unidade de sentimento e de compreensão, num sentido mais elevado.

A boa vontade, a competência e o dinamismo desenvolvidos até aqui vêm fazendo seu trabalho e frutificando, mas este deve agora ser completado com a maior fraternização individual dentro dos Grupos, e a fraternidade coletiva dos Grupos entre si dentro da Aliança, nos termos da coordenação organizada por esta.

A Aliança tem um grande papel a desempenhar neste terreno de fraternização. Já andou um bom trecho do seu caminho, mas deve prosseguir aprimorando esforços em todos os escalões, para realizar o mais possível as exemplificações em espírito e verdade, para que sua tarefa se complete. E essa exemplificação deve ser demonstrada primeiramente em si mesma, na convivência dos familiares e dos próprios cooperadores.

Que isto seja conseguido em breve tempo pela preciosa boa vontade de cada um, eis a prece que aqui fazemos com a esperança e o desejo sincero de que assim seja.

34

Mensagem para a Reunião Regional da Aliança — 1976.

Caros Companheiros e Irmãos:

Esta reunião regional de hoje, constante do programa do segundo semestre deste ano, é um novo passo adiante que a Direção Geral da Aliança promove para aproximação, fraternização e melhor orientação dos Dirigentes, trabalhadores, Aprendizes e Servidores pertencentes aos diversos grupos que a constituem, e cujo dinamismo operacional evangélico nela se reflete auspiciosamente, permitindo-lhe prosseguir firmemente rumo às metas doutrinárias fixadas desde sua fundação, três anos atrás.

Enquanto a inquietação e o temor constrangem os corações e o desvionismo e a violência estendem suas malhas mortíferas pelo mundo, mergulhando os homens no materialismo impiedoso e frio, mais estreitamente devem os seguidores de Jesus se buscarem e se unirem, como testemunhadores que são, não deste mundo, mas de Seus ensinamentos redentores de paz, perdão e amor, únicas armas que poderão assegurar, pelo menos em parte, a vitória do Bem contra o Mal, da luz contra as trevas.

Os que se dedicam a esta nobre tarefa demonstram que já se iluminaram com luzes verdadeiras, já amadureceram para o bem, são lutadores encarnados que espontaneamente se integram nas legiões salvadoras, engrossando as hostes invencíveis do Divino Condutor, e entram na luta desassombradamente pela liberação do maior número possível de irmãos nossos ainda infelicitados pela ignorância espiritual, ou pela influência negativa das forças das trevas.

Do ponto de vista da ação realizadora e prática, o recurso mais eficaz para eliminar essas inferioridades é a evangelização pela Reforma Íntima, nos termos eficientes e positivos propostos pela Escola de Aprendizes do Evangelho, que é o principal e mais relevante motivo da fundação, existência e das já hoje conhecidas e respeitadas atividades da Aliança Espírita Evangélica.

Pode-se também, na mesma ordem de idéias, concluir que a existência e o êxito já conquistados pela Aliança, em tão pouco tempo, significam que ela realmente preenche uma lacuna importante na movimentação espírita nacional e se apresenta agora como valiosa e positiva contribuição do setor religioso da Doutrina.

Esperamos que seja cada vez maior e mais amplo o apoio dos Grupos e sua integração na estrutura agregadora e acessível da Aliança e mais apuradas e mais amplas também as atividades individuais dos Grupos nas suas sedes, nos postos de atendimento a necessitados e nas escolas, para se poder dotar a Aliança de maiores recursos e meios para a execução e aprimoramento de suas inumeráveis atividades em nosso Estado e fora dele.

Peçamos a Deus, Pai misericordioso e justo, que nos fortaleça a todos para podermos provar com nosso esforço de trabalho que desejamos amá-lo sobre todas as coisas e ao próximo como a nós mesmos, conforme Jesus recomendou que fizéssemos.

35

Mensagem para a 1ª Aula de Evangelização do Grupo Tarefeiros do Senhor, São Paulo, Capital — Março de 1976.

Caros Companheiros:

Nesta abertura de cursos de evangelização, trago-lhes estas ligeiras palavras de estímulo.

Enquanto por toda parte os seres humanos se combatem e se destroem esquecidos da herança de paz, entendimento e perdão, que Jesus legou a esta humanidade, em nosso país, seus seguidores, já conscientizados sobre deveres e responsabilidades, lutam pelo bem comum e pelo estabelecimento da fraternidade entre todos.

Esta Escola na qual vocês entram hoje prepara futuros combatentes dessa luta edificante que escolheram e este é o caminho mais certo e seguro que se pode realmente escolher para colaborar na redenção da humanidade e fazermo-nos Discípulos de Jesus.

Assim, com a preparação doutrinária a que vão se submeter, farão em si mesmos as transformações morais indispensáveis à conquista do homem novo e renovado, edificado numa argamassa mais sólida e mais pura e assim, futuramente, após a conclusão desta preparação, adquirirão a qualidade estimável de porta-vozes do Divino Mestre na Terra, exemplificadores dos seus ensinamentos redentores, homens úteis a si mesmos e aos seus semelhantes, aptos a comparecerem aos atos finais do selecionamento próximo, com o coração serenado na confiança de si mesmos, o Espírito purificado, vinculado aos termos mais perfeitos da espiritualidade construtiva.

Enquanto fora destas paredes o mundo se agita em inquietações e incertezas, dominado por violências intermináveis, nesta Escola encontrarão repouso, paz e esperança de uma vida melhor no futuro, sob as bênçãos do Divino Mestre e de Deus, nosso Pai e Criador.

Aqui aprenderão a conquistar virtudes e eliminar impurezas e vícios prejudiciais e, ao mesmo tempo, desprenderem-se das escravizações do mundo material, de atrações enganadoras e ilusórias, para que possam evoluir mais rapidamente rumo à vida espiritual superior destinada àqueles que venceram a si mesmos e se fizeram dignos dessa felicidade espiritual.

Essa é a mais alta e valiosa conquista que se pode realizar e que exige esforços, renúncias, fé, perseverança e, sobretudo, humildade, a virtude número um da iniciação no plano em que vivemos.

Esperamos que tenham êxito nessa preparação, transformando-se em valiosos combatentes das invencíveis forças do Bem comandadas pelo Divino Pastor do rebanho humano terreno, do qual fazemos parte.

E que assim possa ser em breve tempo.

36

Mensagem para os Aprendizes e trabalhadores da 3ª Reunião Interestadual da Aliança, Capital — Março de 1976.

Caros Aprendizes e Servidores:

Como adeptos e trabalhadores do Espiritismo, doutrina iniciadora, que o Plano Espiritual Superior lançou ao mundo através do valioso concurso missionário de Kardec, para esclarecer os seres humanos e impulsioná-los com mais rapidez e acerto para a vida espiritual, devemos nos conscientizar firmemente das seguintes verdades fundamentais a serem seguidas por todos aqueles que se dizem cristãos verdadeiros:

1) Como partículas espirituais provindas de Deus, centelhas divinas em lento processo de evolução nos mundos materiais, conquanto ainda atrasadas moralmente neste planeta, já atingimos grau de progresso espiritual apreciável como seres humanos lúcidos e livres, dotados de poderosas e amplas potencialidades psíquicas.

2) Do ponto a que chegamos, o maior problema que nos defronta é desenvolver, ou melhor, fazer eclodir, exteriorizar-se pela autopurificação, esse potencial divino que representamos, sobrepondo-nos ao imenso poderio atrativo e já agora retardador da matéria que nos envolve por toda parte e multiformemente.

3) Conhecida essa origem no Plano Divino, o desenvolvimento dessas potencialidades na realidade significa a conscientização do poder redentor do Cristo em nosso íntimo, porque Ele corporifica a presença de Deus em nós, em nosso plano humano, e ninguém pode ir ao Pai, isto é, progredir, sem Ele.

4) O fator mais poderoso, portanto, e decisivo dessa conscientização é a obediência às práticas e ensinamentos que nos foram legados e que estão configurados no Evangelho, e nenhum

outro procedimento pode substituir essa obediência que, no fundo, é compreensão, concordância, entrega e realização.

5) O meio mais seguro e rápido de se obter essa conscientização é promover em nós o esforço individual que nos toca e que pode ser grandemente facilitado por esta Escola de Aprendizes do Evangelho, criada e organizada justamente para auxiliar e orientar essa edificante realização espiritual.

A conscientização evangélica da Doutrina Espírita não é aquela adotada, por muitos, como sendo uma simples decorrência ou derivação das atividades dos demais setores, doutrinário, científico e filosófico, que são aspectos clássicos da Doutrina.

A conceituação certa, a nosso ver, é aquela que o próprio Evangelho estabelece, exigindo uma autotransformação moral e uma vivência comprovadora no meio social, a exemplificação constante e diária dos ensinamentos na vida comum, e não como fanatismo sectário ou masoquismo (como alguns analistas dizem, criticando), mas em plena consciência de sua elevada significação espiritual.

Isso é o que tenta fazer a Aliança Espírita Evangélica pregando e ajudando a se conseguir essa Reforma Íntima e essa vivência evangélica, como a realização mais importante e decisiva no mundo encarnado onde estamos e como respeito e obediência às leis do Criador.

Fazemos votos para que na seara espírita outras Escolas possam surgir cumprindo o mesmo programa para que o Evangelho de Jesus vença neste país sem sofismas e desvios, como consenso geral e não como a expressão de uma simples particularização.

Para espíritas, já de certa forma esclarecidos, não há outro meio senão este, não há outro caminho senão este, de nos prepararmos suficientemente para enfrentar o selecionamento da humanidade, a vir nos próximos dias, e no qual estará em jogo nosso destino espiritual por muitos séculos.

37

Mensagem para a inauguração da Escola de Aprendizes do Evangelho, da "Casa do Caminho", São Paulo, Capital — 1977.

Companheiros e Irmãos:

Muito embora impossibilitado de esforço mais valioso, com muita alegria, e atendendo a sugestões de amigos, por tratar-se de mais uma Escola de Aprendizes a abrir suas portas, organismo que desde quando surge espalha ao seu redor luzes e bênçãos, e ainda por surgir em Casa Espírita fundada por trabalhadora veterana nas lides da seara do Divino Mestre, faço-me aqui presente com estas desvaliosas palavras de estímulo e de esperanças.

Todos vemos como as sombras vão se espalhando dominadoramente pelo mundo e se vão cumprindo fielmente as advertências e profecias vindas do Alto, conclamando os trabalhadores do Cristo a se unirem e se aprimorarem espiritualmente, redobrando os esforços, para difundir os ensinamentos redentores que o Divino Cordeiro imprimiu, com sangue vivo, nos anais da vida humana deste planeta que habitamos.

Para fazer face a essa situação e prevendo a expansão do cientificismo materialista, a deliqüescência dos valores eternos da fé, e como um elemento a mais na luta do bem contra o mal, criou-se esta Escola da qual, desde 1950, turmas sucessivas de companheiros novos vêm sendo encaminhadas no sentido da fraternização universal pregada por Jesus.

Esta nova chama que hoje aqui passa a brilhar é um compromisso que se assume com o Divino Mestre de lutar devotadamente pela difusão dos seus ensinamentos redentores e, ao mesmo tempo, uma porta a mais que se abre para a orientação espiritual daqueles que desejam preparar-se para enfrentar, com serena confiança, o selecionamento espiritual da humanidade, cujas evidências se fazem sentir cada vez mais intensas e próximas.

Duas são as armas mais eficazes para combater a desorientação individual provocada pelas atrações do materialismo: desprender-se do que é transitório e dar, em qualquer de suas formas e circunstâncias, a exemplificação evangélica em espírito e verdade, isto é, com desprendimento, amor e humildade.

Os esforços que desenvolveremos hoje na difusão e na exemplificação do Evangelho, por menor que sejam, serão grandemente valorizados nos próximos dias, porque tão "alto será o calor das provações na Terra, que as descrenças se fundirão na luz do Evangelho de Jesus, a derramar-se sobre as almas desamparadas."

Os benefícios que esta Escola há de produzir, esclarecendo e encaminhando para a verdade milhares de irmãos nossos, serão multiplicados milhares de vezes nas horas terríveis dos grandes sofrimentos que nos esperam, e só então a seara evangélica mostrará quão grandes serão as colheitas das humildes semeaduras de hoje.

Fazemos votos humildes a Deus para que esta Escola, que hoje abre suas portas, jamais se feche ou se desvie dos rumos traçados por Jesus, no sentido do encaminhamento e da preparação daqueles que a procuram buscando a luz das verdades espirituais redentoras e o consolo da solidariedade humana para suas fraquezas e desesperanças.

E que assim seja.

38

Mensagem aos Grupos Integrados da Aliança, São Paulo, Capital — Setembro de 1977.

A Aliança vem tendo expansão lenta, dizem alguns companheiros menos otimistas, mas, na verdade, é de admirar o quanto ela caminhou em tão pouco tempo! Tendo nascido tão pequena e humilde, permanece crescendo e progredindo, resistindo firmemente às dificuldades da apresentação e implantação, à incompreensão de uns e à má vontade de outros, por motivos que são óbvios em qualquer dos casos.

Na realidade, sua admirável marcha deve-se, em grande parte, ao idealismo que anima os trabalhadores em todos os escalões e o desejo sincero que os empolga de serem úteis aos semelhantes nesta hora difícil do mundo, esquecendo-se de si mesmos e demonstrando, como bons Discípulos de Jesus, que é possível e está ao alcance de todos nós o testemunho desassombrado e produtivo, simples e espontâneo, segundo as forças de cada um, além do habitual e pragmático.

É certo que tanto na preparação individual como no campo executivo, aprendendo e realizando, muito mais coisas podem ser feitas no terreno religioso da Doutrina, concorrendo para seu maior engrandecimento e mais rápido alcance de seus alvos e finalidades.

A referida lentidão da Aliança, a existir, teria por causas os seguintes fatores:

1) Não realizar nenhum esforço deliberado de proselitismo ou de captação de apoio público ou comunitário. Mas isso é feito assim, justamente para se poder selecionar as tendências e propensões espirituais de cada trabalhador, em face do setor evangélico, porque, neste setor, pouco importa o número deles mas, muito mais, o seu amadurecimento interno.

2) Porque grande número de confrades espíritas prefere os setores doutrinários de sentido intelectual, enquanto que no religioso (não teológico) prevalecem os sentimentos mais profundos e sofridos da fé, do desprendimento e do amor, com as exigências inarredáveis das introspecções anímicas, transformações íntimas e renúncias mundanas, que alguns confrades julgam exageradas e não indispensáveis à espiritualização.

3) Porque a Aliança se organizou de forma independente, justamente para executar programas próprios e evitar conflitos funcionais com as repartições burocráticas das respeitáveis direções partidárias do movimento comunitário.

Sem essa independência cairia na rotina e se diluiria no consenso geral, que nem sempre atinge os alvos visados pela verdadeira espiritualização de caráter cristão e evangélico.

Acreditamos que à medida que os acontecimentos do mundo se tornam mais graves e ameaçadores, o interesse pelo setor religioso surgirá de forma dominante nas almas, e a Aliança será então melhor compreendida e valorizada e, com sua organização flexível e fraterna, sua inegável capacidade executiva estará em condições de enfrentar as dificuldades muito maiores que então surgirão em todo o mundo desorientado e ávido de proteção espiritual.

O trabalho executado agora servirá de experiência doutrinária amanhã para todos os espíritas responsáveis.

Mas, de qualquer forma, nossa tarefa maior será preservar a Aliança na sua atual estruturação específica, porque o Evangelho deve ser difundido o mais possível e de forma objetiva e realista.

A Aliança crescerá com o tempo, não importando quanto, *porque é um dos mais legítimos e respeitáveis esforços que se pode fazer para a espiritualização efetiva de nossos semelhantes.*

Os Grupos devem manter-se unidos, ativos, operantes, mantendo ao mesmo tempo a integridade da Aliança, da qual são colunas vivas de sustentação, enquanto que ela é a cobertura maior e o elo poderoso que a todos firmemente une, porque não há no seu seio ambições materiais ou funcionais, e segundas intenções, fatores sempre divisionistas, e a tarefa de todos é justamente esta de acolher, preparar e encaminhar para a redenção todos quantos lhe batem às portas, por desejarem acelerar ou aperfeiçoar sua evolução com as servidões, os esforços, a renúncia e os sacrifícios que esse aperfeiçoamento exige.

Considerando o atraso espiritual da humanidade e as perspectivas sombrias do futuro próximo, julgamos que decisão mais acertada que esta não existe de acolher para ser acolhido, ajudar para ser ajudado, amar para ser amado, tudo como Jesus ensinou e exemplificou.

39

Mensagem para as Turmas dos Grupos Integrados da Aliança que passam para a Fraternidade dos Discípulos de Jesus, São Paulo, Capital — Dezembro de 1977.

Caros Servidores:

Na cerimônia de hoje, quando receberão sua investidura de Discípulos de Jesus, prontos para as lutas eternizadas do Bem contra o Mal, da luz contra as trevas, quando serão declarados aptos para a vivência do Evangelho e sua exemplificação no meio social, para cuja finalidade esta Aliança foi criada há quatro anos, e novas Escolas de Aprendizes estão sendo criadas em nosso Estado e fora dele, envio-lhes meus votos mais sinceros e fraternos para que tenham êxito em suas tarefas nesta batalha, para cujo campo centenas de novos companheiros anualmente convergem, engrossando nossas fileiras e tornando-as cada vez mais ardorosas e aguerridas.

É de esperar que sem perda de tempo tomem seus lugares nas trincheiras inconquistáveis que devem defender, e que o amor e o poder do Divino Mestre e Condutor iluminem com esplendentes claridades.

Sua investidura se inicia em uma época difícil, durante a qual não haverá repouso para os trabalhadores, porque aumentam diariamente as dificuldades e as necessidades do mundo e a desorientação dos homens.

Redobrado será pois o esforço que lhes será pedido, pois que, como Discípulos, serão, a partir de agora, parcela viva e consciente da vida da comunidade humana, coluna de sua paz, harmonia e segurança, esperança de quantos necessitam de compreensão, consolo e encaminhamento espiritual.

Assumam, do mais íntimo de suas almas, o compromisso de Discípulos que lhes será entregue e por ele se aproximem de Jesus, na medida do seu devotamento ao trabalho.

Meditem fundamente sobre o Sermão do Monte — estatuto da Fraternidade —, no qual Jesus resumiu a conduta daqueles que desejam seguir seus passos pelos caminhos do Plano Espiritual Superior, rumo ao Reino Eterno de Deus, origem e finalidade de sua criação divina.

40

Mensagem para a comemoração do 4º ano de atividades da Aliança Espírita Evangélica — Dezembro de 1977.

Caros Companheiros:

Em relação às perspectivas de futuras atividades da Aliança, julgamos de maior interesse nos referir aqui a uma mensagem de alerta do nosso Irmão Maior, Bezerra de Menezes, transmitida em uma sessão particular de intercâmbio. Destina-se a mensagem à Aliança, mas interessa grandemente a todas as casas espíritas.

Esse pronunciamento é, ao mesmo tempo, uma carinhosa e fraternal exortação que dirige aos trabalhadores em geral dos Grupos Integrados. Ei-la:

"A desorientação geral e o desamor que o mundo ostenta refletem-se como seria de esperar sobre o nosso país, que sofre os efeitos desses males e luta para conservar-se afastado deles, mantendo suas tradições cristãs de solidariedade humana e de pacífica convivência com todas as nações. Esses sentimentos são, aliás, atributos conhecidos da alma brasileira, como também é sua predestinação nacional de 'Terra da Promissão e Pátria do Evangelho.'

Estes mesmos sentimentos, por outro lado, asseguram ao nosso país uma cobertura espiritual poderosa, um verdadeiro manto protetor que, se dependesse somente dos desejos do Alto, se estenderia sobre o planeta Terra.

Entretanto e infelizmente uma observação mais aprofundada da situação revela que estamos na iminência de enfrentar uma verdadeira avalanche de Espíritos encarnados necessitados que, como sucede por toda parte, representam a maré montante das desigualdades humanas e da desesperança.

Despreparados para enfrentar as dificuldades crescentes da vida moderna, que se caracteriza por desamor e egoísmo, no correr do século, levantam-se eles agora sobre os próprios pés, reivindicando valores e bens materiais e morais de trabalho, de lazer, de alegria, de saúde e, não os encontrando na sociedade em que vivem, voltam-se para os poderes do Espírito, numa tentativa desesperada de efetivá-los, na esperança de uma melhor orientação religiosa, de remédios para seus males e conforto para seus corações angustiados, o que na certa obterão se possuírem sinceridade de fé, muito embora ignorem que a vida e a morte se regulam por leis sábias e justas, de causas e efeitos que afetam tanto indivíduos como coletividades, não deixando lugar para improvisações e privilégios.

Mas, se não forem eles acolhidos por nós, de coração aberto, com doçura e bondade, se lhes recusarmos atenções e desvelos, por excesso de demanda ou restrições regulamentares, intimamente se rebelarão com a natural emissão de represálias vibratórias, porque teremos então destruído suas melhores esperanças de convivência e, por outro lado, daremos do Espiritismo uma imagem pública distorcida, falsa e contrária à sua própria essência doutrinária evangélica.

No ensejo desses protestos, as forças das trevas que estão sempre à espreita, aguardando oportunidade de penetração nos redutos cristãos da paz e do amor, que devem ser as casas espíritas, interferirão prontamente, incentivando o mais possível a ocorrência das dificuldades que certamente encontraremos, para dar solução e encaminhamento a essa avalanche de necessitados.

E não lhes neguemos razões: como o Espiritismo é considerado uma revivescência do Cristianismo Primitivo, e como esses irmãos sabem que o Cristo morreu por todos nós, deixando, entretanto, a promessa de sua eterna presença e proteção, batem-nos às portas, certos de serem atendidos com fraternal solicitude, demonstrando assim que têm confiança em nós.

Cabe-nos, pois, abri-las de par em par, como também nossos braços, fazendo por eles o quanto for possível, certos de que o Alto suprirá nossas próprias limitações humanas. Não regateemos, pois, paciência, boa vontade, esforço físico e moral, para que haja realmente aconchego, seja para quem for, seja para quantos forem.

A todos devemos oferecer consolo irrestrito, amplo e fraterno, para que a esperança de uma vida melhor com Jesus renasça em seus corações amargurados, pois que de consolo e orientação é o de que mais carecem, no frio intolerável de sua indigência espiritual."

Esta é a mensagem do respeitável irmão Bezerra, que procuramos reproduzir com a maior exatidão, convindo, porém, que façamos, pessoalmente, algumas considerações a respeito.

Nesta delicada perspectiva de maior esforço em breves dias, que se poderá dizer aos trabalhadores do Senhor senão que "a cada um será dado segundo suas obras", na palavra do Cordeiro de Deus, há dois milênios imolado no holocausto da redenção.

E a certeza que todos temos de que as hostes heróicas que sustentam as bandeiras cristãs da harmonia universal vencerão esta luta como têm vencido todas as demais, para que assim, também, o maior número possível de irmãos nossos, convencidos das verdades do Evangelho, possa concorrer mais confiadamente ao selecionamento daqueles que adquirem o direito de renascer na futura Terra regenerada do Terceiro Milênio cristão.

A mensagem do respeitável Irmão Maior é também uma exortação aos Dirigentes e trabalhadores dos diferentes Grupos da Aliança para que, pessoalmente, se preparem para esse maior concurso, fazendo os reajustes internos necessários, inclusive os domésticos, de tão elevada significação, revendo o quadro dos sentimentos retemperando a vontade e a fé, para que o Divino Mestre possa contar com o apoio devotado de todos, provando cada um, desta forma e mais uma vez, que é cristão verdadeiro, seguidor fiel dos seus ensinamentos redentores.

As condições especialíssimas que determinaram a fundação da Aliança Espírita Evangélica, sua organização e finalidades específicas, seus programas e realizações no campo do espírito religioso, conferem-nos condições para concitar os Grupos Integrados a aprimorarem as qualidades pessoais de seus trabalhadores na fé, no idealismo, na perseverança, na renúncia e no sacrifício do que, aliás, têm dado testemunho e os credenciam desde já para as exemplificações solicitadas pelo Alto.

Sob os olhares compassivos do Divino Mestre aqui deixamos nossas preces para que no ato de se efetivarem as circunstâncias que motivaram o apelo do nosso Irmão Maior, estejamos todos preparados para atendê-lo prontamente e com a maior solicitude. E que assim seja.

41

Mensagem para a Reunião Geral da Aliança, São Paulo, Capital — 1977.

Irmãos e Amigos:

Sem a menor dúvida esta reunião geral tem especial importância, porque, atendendo a esta convocação, vocês provam:

1) que a Aliança dia a dia mais se consolida, tornando-se melhor preparada para a execução de seus programas;

2) que, individualmente, estão vocês mais conscientizados da necessidade da união, sem a qual nenhuma organização permanece;

3) ante Jesus, que são fiéis ao ideal de servir, testemunhando seu Evangelho na Terra.

Não podendo comparecer pessoalmente, fazemo-lo através deste *vídeo-tape*, graças à boa vontade dos companheiros da direção.

Aqueles que mantêm contato mais habitual com as Entidades que respondem pela direção espiritual do movimento espírita em nosso país, ao qual integrou-se esta Aliança, em dezembro de 1973, poderão ver e informar o quanto de esperança existe em seus corações, de que a Aliança prossiga desembaraçadamente nos rumos traçados e suas finalidades e programas de ação sejam compreendidos e respeitados, seus atos valorizados com justiça e seus Dirigentes e trabalhadores claramente inspirados nas mais acertadas deliberações, visando sempre o cumprimento dos ensinamentos evangélicos no sentido exclusivo do Bem, como testemunho de sinceridade e de amor aos semelhantes.

A Aliança Espírita Evangélica (convém sempre explicar) não é um Centro Espírita comum, na constituição e no funcionamento, conquanto o seja nos princípios, nas finalidades e nos objetivos doutrinários.

É uma aspiração coletiva de cristandade, formada por um número indeterminado de grupos espíritas animados dos mesmos ideais de aperfeiçoamento moral, que se unem para a vivência evangélica em comum, visando a formação de um mais amplo movimento de fraternização humana, com base nos seguintes fundamentos.

a) A preparação individual dos Servidores, pela Reforma Íntima, nas Escolas de Aprendizes do Evangelho;

b) A inclusão na Fraternidade dos Discípulos de Jesus, para as exemplificações individuais no campo social, como colaboração na redenção da humanidade.

A Aliança, de certa forma, prolonga no presente os ideais, as tradições e as esperanças do passado remoto, transfundidos no Cristianismo Primitivo e representados simbolicamente:

a) pela Arca da Aliança de Moisés, contendo a Lei dos Dez Mandamentos;

b) pela aliança estabelecida por Jesus com seus Apóstolos e Discípulos na propagação de seus ensinamentos redentores.

Nenhuma idéia de competição, emulação, discriminação anima a Aliança em relação a instituições congêneres; e nenhum exclusivismo ou destaque pessoal em relação a seus Dirigentes e Cooperadores, salvo o que decorre de funções executivas.

Como sucede nas Casas Espíritas bem conduzidas, na Aliança todos servem desprendidamente e sua manutenção é feita por contribuições de Grupos Integrados e de iniciativas normais, sem maiores preocupações de lucro ou riqueza patrimonial.

O que se tem em vista de forma primeira é servir, esclarecer e transformar moralmente o maior número possível de irmãos nossos, para que possam enfrentar, com serenidade e confiança, o selecionamento espiritual de fins deste ciclo evolutivo, porque esta foi a finalidade principal da missão de Jesus na Terra, de sua predicação, seus ensinamentos e seus sacrifícios, que se resumiam todos em se espiritualizar e redimir a humanidade atrasada e corrompida daquela época.

Aqueles que já se encontram tocados pelas luzes do Evangelho, em sua significação mais profunda de desprendimento, amor e renúncia, compreendem facilmente as finalidades desta Aliança e o papel que lhe cabe desempenhar, de elevada cooperação, no movimento espírita nacional, para benefício de todos; nestes termos, devem dar-lhe todo apoio, certos de que encontrarão nela os caminhos retos e seguros para realizações espirituais verdadeiras e libertadoras que são finalidades da Doutrina dos Espíritos.

Saudamos a todos que compareceram a esta reunião, sobretudo os Servidores que se fazem hoje Discípulos, e nosso pensamento no momento é de prece a Deus, nosso Pai Criador, para que nenhum deles se perca nos torvelinhos do mundo, nenhum se desvie da estrada larga e clara que o Divino Mestre indicou a seus seguidores; que agora, com mais segurança e mais certeza, possam levar a cabo a enaltecedora tarefa para a qual se prepararam com tanto carinho e esperança, de porta-vozes do Divino Mestre, nos meios sociais a que pertencem; que possam prosseguir na semeadura das sementes vivas e fecundas que o amor santifica e que, sob os olhares de Jesus, se abrem para as luzes dos céus, como novas alvoradas no futuro de nosso país.

Saudamos também os membros da Fraternidade dos Discípulos de Jesus, porventura afastados por quaisquer motivos, aos quais Entidades ligadas ao setor direcional do Espiritismo em nosso país, têm feito carinhosas referências, no sentido de que voltem às atividades e à comunhão dos companheiros; e erguemos a Jesus nossas preces para que esses apelos sejam ouvidos, mesmo porque a custosa preparação feita por esses Discípulos, com tanto esforço e esperança, não deve, em hipótese alguma, aniquilar-se com a inação; e para eles, da parte da Aliança, em todos os seus grupos de trabalho ativo e fecundo, as portas estarão sempre abertas para o mais fraternal acolhimento.

Externamos também nossa esperança de que, após esta reunião geral tão fraterna e acolhedora, uma compreensão a mais clara e verdadeira se faça sobre a Aliança Espírita Evangélica e seus devotados Dirigentes e trabalhadores, para que a soma dos esforços de todos, em nosso Estado de São Paulo e fora dele, no sentido do aperfeiçoamento moral pela Reforma Íntima, resulte na mais perfeita e justa efetivação das tarefas evangélicas, que, na seara do Divino Mestre, a cada um de nós, como Discípulos de boa vontade, cabe defender e cultivar.

E que assim seja.

42

Mensagem no 20° Aniversário do Lar do Amor Cristão, Capital — 1977.

Caros Irmãos Discípulos de Jesus e Companheiros:

Satisfazendo fraterno convite, julgo apropriado relembrar coisas do passado, para nos situarmos melhor no presente.

Quando, em 1957, convocamos os companheiros para a criação de uma instituição de assistência permanente às crianças órfãs e desamparadas, animava-nos a esperança de que, colocando a tarefa nas mãos de uma só família, haveria maiores possibilidades de êxito, maior segurança de sobrevivência da instituição, porque ela ficaria imune, até onde fosse possível, das infiltrações de elementos estranhos, dissociativos ou possuidores de segundas intenções, isentos do idealismo que era de todos nós, empreiteiros de obras feitas, aproveitadores do esforço alheio, como sucede na vida de algumas instituições dignas de melhor sorte.

E hoje, passados vinte anos, podemos ver como a semente semeada com o amor de todos germinou, cresceu, fortaleceu-se pelos cuidados e esforços dos seareiros, ao calor da fé simples e pura, ao aconchego de corações animados de intenções elevadas e boas.

Na seara de Jesus, por mais que sejamos auxiliados, nosso trabalho fica sempre aquém daquilo que é necessário e poderíamos realizar, sobretudo, no campo interno, porque crescem sempre as necessidades que nem sempre podemos satisfazer integralmente.

A seara do Divino Mestre é ilimitada porque abrange o planeta inteiro e, por mais que se devotem os Discípulos, jamais realizam tarefas definitivas.

E também porque não dormem os agentes negativos das

sombras, que combatem contra a redenção da humanidade, que é a missão final de Jesus na Terra e compromisso tácito de seus seguidores e Discípulos.

Esses agentes muitas vezes conseguem infiltrar-se nas Casas Espíritas, conquistando adeptos entre os nossos próprios trabalhadores menos vigilantes e menos amadurecidos para as realidades do Evangelho, conhecedores, muitas vezes, somente teóricos, da linguagem do desprendimento, da renúncia e do sacrifício.

Por outro lado, quando cresce a população, assim crescem entre nós a miséria e o sofrimento, e isso exige o desdobramento constante das atividades nas Casas Espíritas, mormente no referente à população infantil, porque estas crianças de hoje que vão enfrentar, como jovens, as tremendas circunstâncias que caracterizarão os dias finais deste ciclo evolutivo, nesses dias abençoarão os esforços e sacrifícios que fazem hoje os encaminhadores dos seus destinos espirituais.

Por isso é preciso produzir sempre, semear sem descanso, para que alguma coisa se salve do pouco que fizermos.

Jesus é sempre o melhor exemplo: deu-se inteiramente à missão que o trouxe à Terra e foi ao extremo de morrer por ela. Deixou como legado uma doutrina maravilhosamente simples e construtiva, que resumiu em uma única regra: "amar a Deus sobre todas as coisas e ao próximo como a si mesmo".

Cumprindo essa regra, o semeador fiel semeia sua semente todos os dias, de sol a sol, e seu labor alimenta famintos que não conhece. Como está ensinado, uns semeiam outros colhem, mas o Senhor da seara a todos sempre abençoa, porque o progresso é imperativo e há muitos degraus a subir na escada da evolução.

Quem observar nossas atividades individuais ou coletivas nas Casas Espíritas e nos lares, poderá supor que cumprimos fielmente as tarefas, conquanto, no nosso íntimo, bem sabemos que não, mas, mesmo assim, deixamo-nos coroar de elogios que, por fim, a nós próprios convencem.

Mas quando, percebendo a falha, lançamo-nos ao trabalho com mais amor e deliberação, é de esperar que o redobrado esforço nos leve a constituir obras sólidas, enraizadas na rocha e não na areia movediça do mundo.

Para que atinjamos tal ponto é preciso considerar que somente com base no Evangelho de Jesus faremos obras mais perfeitas, pois que somente na profundidade de nossas almas encontraremos segurança, verdade e justiça, porque somente nesse reduto mais profundo podem vicejar as virtudes do amor, que são a verdadeira força das realizações eternas.

A essas alturas recônditas esperamos que possamos todos chegar após os esforços meritórios da atual encarnação, e este Lar do Amor Cristão é um reduto de trabalho promissor pela qualidade do trabalho que executam seus trabalhadores devotados no setor infantil, e após vinte anos de atividades é de crer que esteja habilitado a iniciar uma fase mais ampla no campo dos trabalhadores que se fizeram Discípulos e se comprometem a dar testemunhos evangélicos em espírito e verdade no plano coletivo.

Sem essa preparação do campo interno, que só se sublima com desprendimento do que é meramente humano, não podemos integrar nas tarefas e em nossas almas o toque, o sinal, a marca das realidades espirituais legítimas e valiosas dos que na Terra realizam os programas de elevada expressão evolutiva do Plano Maior, dentro das quais obteremos a desejada segurança de um trabalho legítimo, perfeito, definitivo, sem temores de perdas inúteis de tempo, numa ocasião como a que vivemos hoje, quando o tempo se faz tão curto.

Jesus disse que quando o Evangelho fosse levado a todas as nações então viria o fim. Pois esse fim está bem à vista nos horizontes escurecidos do mundo e está vindo ao nosso encontro de forma ostensiva e rápida, enquanto que a propagação dos ensinamentos redentores não caminha com a mesma rapidez mas, muito ao contrário, bem lentamente, devido à incompreensão e à negligência dos homens.

Cada dia, pois, é mais urgente a preparação de trabalhadores para que essa semeadura geral se intensifique, possa ser posta à frente de todos para o esclarecimento espiritual e o encaminhamento do maior número possível de necessitados.

Nossos compromissos devem ser cumpridos a começar pela preparação íntima e quem admitir que já a possui toda, que então a aprimore com a exemplificação constante e positiva no campo do próximo.

E inútil será que nos iludamos a nós mesmos supondo a posse de perfeições que não existem, porque destas somos todos carentes.

Somente assim produziremos obra útil e duradoura, aumentando diariamente o campo de nossa cooperação em todos os sentidos, visando unicamente a difusão do Evangelho de Jesus em espírito e verdade, isto é, com profunda essência de amor universal.

43

Mensagem sobre o tema: Consolidação das Bases da Aliança, São Paulo, Capital — 1977.

A organização de uma instituição exige, desde o início, um esquema estrutural, regras flexíveis de funcionamento, disciplina de trabalho e um ideal bem definido que galvanize todas as vontades, gerando permanentes possibilidades de vivência e de manutenção.

Conseguido isto, não deve cristalizar-se a organização em regras e regulamentos inamovíveis, inalteráveis, levando-se em conta que no nosso plano material, por força da própria evolução, a vida é mudança constante; tudo muda a todo instante, rumo a aperfeiçoamentos e transformações mais eficientes, profundas e aprimoradas.

A estagnação é sempre prejudicial, porque impede o progresso e o desdobramento das atividades construtivas, gerando atraso ou fracasso.

Regras e regulamentos são sempre necessários enquanto, todavia, não se transformem em entraves e impedimentos ao desenvolvimento natural da instituição. Tudo isso, aliás, são verdades conhecidas.

Agora que a Aliança já passou por esses trâmites, fixando-se bem no alvo e nos objetivos, tornou-se respeitada e amada por muitos e iniciou a descentralização de parte de suas atividades, criando uma assessoria e uma coordenadoria, das quais podem participar todos os Grupos dando, para o próximo ano, um passo a mais; e assim entrará no rumo dos aprimoramentos, ajustando as atividades, melhorando a sintonia funcional e o maior entrelaçamento entre Dirigentes, trabalhadores e Grupos entre si. Somente após esse aprimoramento interno poderá enfim passar para a fase de expansão exterior.

Considerando sua natureza religiosa e segundo as normas da boa administração, que aconselha embelezar as estruturas, o passo agora é adoçar as normas da convivência, buscando prender o coração dos executores nas malhas fraternais do amor cristão, para novos avanços na senda das exemplificações evangélicas.

Nessa etapa mais definitiva o trabalho em todas as suas modalidades deve ser essa fraternal convivência, em que todos se empenham em produzir mais e melhor, em benefício dos semelhantes, sob o olhar compassivo de Jesus — o amado Mestre e Redentor — que, morrendo por nós, provou, à posteridade, que somente o amor constrói para a eternidade.

Na Aliança nada deve ser negado, mas oferecido em benefício dos companheiros, trabalhadores, Aprendizes e necessitados em geral, em tudo quanto não afetar sua natureza, estrutura, segurança e unidade.

Visando sua permanência no tempo, tudo o quanto conceder serão dádivas de coração, na exemplificação do amor — d'Aquele que disse — "pelo muito que nos amássemos uns aos outros provaríamos que, realmente, somos seus discípulos".

Com esta reunião nacional abre-se uma nova etapa da exemplificação dos ensinamentos pelo amor, para que, com Jesus, todos nós sobrevivamos.

Neste período novo, espiritualmente mais avançado, devemos aprimorar a preparação dos Aprendizes com o maior desvelo e selecionar os Discípulos com os cuidados necessários à apuração de suas qualidades e virtudes cristãs, mas, nos esforços da difusão doutrinária em si mesma, é preciso que não haja preocupações outras que as de levar desassombradamente os ensinamentos, em espírito e verdade, ao entendimento e ao coração do maior número possível de irmãos nossos, necessitados de luz e de encaminhamento espiritual, porque a transmissão das verdades do Evangelho não é obra formalística do cérebro, mas espontânea e singela do coração.

A luta espiritual nos dias de hoje é a mesma batalha da luz contra as trevas a que Jesus se referia em suas pregações.

A mesma que decidirá agora o destino de milhões de seres humanos que compõem a humanidade deste nosso hábitat planetário.

As forças das trevas lutam desesperadamente para impedir que o Cristianismo vença no mundo, enquanto que as legiões abençoadas do Cristo se interpõem para que a vitória seja da paz, não da guerra; do amor, não do ódio; do bem, não do mal, porque o bem é a finalidade fundamental da Criação Divina.

Felizes seremos, todos que lutamos solidariamente, para que as portas do Reino Eterno se abram acolhedoramente para aqueles cujos corações se fizeram sensíveis às promessas de redenção.

44

Mensagem-apelo aos Grupos da Aliança, São Paulo, Capital — 1977.

O que o Plano Espiritual espera de todos os trabalhadores, quando integrados na difusão do Evangelho de Jesus? Espera que apóiem a Aliança para que seja em breve tempo uma instituição padrão, modelar, de iniciação espírita evangélica em nosso Estado.

E não é este, porventura, o nosso próprio desejo? Vemos a todo instante o trabalho intenso de propaganda que desenvolvem as correntes religiosas, inclusive as mais austeras e tradicionais, nos templos, nos lares e nos logradouros públicos, na tentativa de arregimentar novos crentes para suas fileiras, duramente afetadas pela desarticulação dos valores que até aqui dominaram no mundo, em todos os setores das atividades humanas.

Referindo-nos particularmente à Aliança Espírita Evangélica, o que no momento mais necessitamos é reafirmar nossos propósitos e ideais da primeira hora, em termos de compreensão, unidade e execução, para mantermos inalteráveis sua estrutura e seus programas e atingirmos sem perda de tempo suas finalidades básicas, com perfeição e segurança.

Essas finalidades e programas não comportam dúvidas interpretativas ou executivas porque são simples, claros e justos e se baseiam inteiramente no espírito e na essência do Evangelho de Jesus, que todos respeitamos e lutamos por realizar em nosso íntimo e em nossa vida pública, restando somente, então, que nos integremos neles, nos devotemos em testemunhá-los com coragem, corações abertos e limpos, e a firme disposição de vencer a batalha contra o mal e contra nós mesmos, nas nossas imperfeições remanescentes da vida animal.

Na atual desorientação religiosa do mundo avulta o valor daqueles que se mantêm nos seus rumos e compromissos sem temores, por saberem que são amparados pelo amor e pelo poder d'Aquele que é o "Caminho, a Verdade e a Vida".

Lutemos para que a família espírita cristã permaneça isenta de confusões e dúvidas, e assim estaremos preparados para vencer os terrores, as divisões pessoais e doutrinárias, os tropeços e o desenfreio das fraquezas morais, que os agentes do mal exploram impiedosamente, no afã de destruir as realizações de amor evangélico, edificadas pelos que seguem a Jesus.

Tudo isso, aliás, forma as dificuldades e as barreiras a vencer nas provações coletivas, que caracterizarão o transcurso do século para o advento do Terceiro Milênio cristão.

Os que permanecerem firmes serão os Servidores que o Divino Cordeiro apartará para a vida na próxima Terra de Promissão.

O elevado ideal que animou a todos na criação da Aliança consolida-se hoje quando, já bem grandes e valiosos, são os frutos dessa inspirada iniciativa.

Portanto, o pensamento de todos nós deve ser este: "o que criamos ontem, porque quisemos, defenderemos hoje, porque devemos".

E este pensamento marcará a vitória nos dois planos, com as bênçãos do Divino Condutor.

45

Mensagem aos Grupos — Alterações em trabalhos práticos — 1977.

Após estudos demorados, a partir de 1940, na FEESP, e longa experimentação, estabeleceu-se um conjunto de trabalhos práticos doutrinários abrangendo o setor de curas, desenvolvimento mediúnico, iniciação espírita evangélica, cursos de formação de Discípulos, de Dirigentes e outros muitos.

Essas práticas foram aprovadas pelo Plano Espiritual diretor do movimento espírita em nossa área de ação estadual, donde, como seria natural que acontecesse, difundiram-se para outras partes e até mesmo para outros países.

Ao fundar-se a Aliança Espírita Evangélica, em 4 de dezembro de 1973, foi proposto e aceito que os Grupos Integrados teriam liberdade de ação administrativa, cabendo, porém, à cúpula da Aliança a orientação e o controle das práticas referidas, o que vem sendo feito até o presente em perfeita harmonia e compreensão.

É fácil de compreender que essas condições formassem a base estatutária da Instituição e também que aqueles que a ela se integrassem, principalmente aqueles que a constituíram inicialmente, honrassem seus compromissos, lutando pela sobrevivência, expansão e progresso da Instituição, sendo-lhes vedado, todavia, alterar essas práticas por iniciativa particular.

Fácil também de perceber seria que a segurança da Aliança repousa em grande parte na unidade dessas práticas que, pela sua coordenação, seqüência, propriedade e eficiência, largamente comprovadas, suportam por si mesmas quaisquer críticas e, mais que isso, quaisquer diversidades de opinião pessoal, e não se modificarão senão por consenso geral, visando a própria melhoria, e isso, naturalmente, após novos estudos e experimentações, devidamente autorizados pela maioria dos grupos e pela direção espiritual, quando importante.

Por isso, alterações particulares de pessoas ou mesmo de grupos atentam e põem em risco a estabilidade funcional e doutrinária da Instituição, que, nestas circunstâncias, passaria por instituição desorganizada, sem unidade de doutrina e de direção, o que jamais se espera que possa haver.

Nos dias que vivemos, as forças do mal estão cada vez mais ativas e audaciosas, e a Aliança, pela sua natureza e finalidade, é alvo para esses ataques que, como sempre ocorrem, tentam abalar os pilares das instituições, promovem desentendimentos entre trabalhadores e Dirigentes, ou despertam ambições pessoais de mando, sugerindo iniciativas divergentes ou utilizando médiuns menos vigilantes que, porventura, lhes abram portas favorecedoras.

Isso é o que sempre desejam essas forças negativas quando encontram terreno favorável na incompetência, na desordem, mas, sobretudo, na falta de um ideal maior que funcione como fator unitivo inabalável, e isso felizmente não falta aos Grupos que formam a Aliança.

Mas necessitamos do apoio, da boa compreensão e da boa vontade de todos, para assegurarmos à Aliança completo êxito em suas meritórias e transcendentes atividades, na expansão do Espiritismo evangélico em nosso Estado. Esperamos que os Grupos permaneçam no seu exemplar testemunho, mantendo a unidade integral das práticas, a cooperação e o devotamento, para que não sejamos nós, seus próprios trabalhadores, que coloquemos obstáculos à sua marcha, sobrecarregando-nos de uma culpa tão grave pelo atraso da difusão e da exemplificação do Evangelho do Divino Mestre, sob cuja bandeira de paz, de amor e de trabalho, realizamos todos nós humilde esforço neste abençoado país que é o nosso.

Tudo vai bem na Aliança, árvore benigna, cuja fronde viceja e se robustece, dia a dia, ao calor do afeto e da esperança de muitos, na cooperação construtiva e alentadora dos Grupos que formam sua resistente e flexível estrutura funcional.

46

Mensagem para a Reunião de Fraternização da Aliança, São Paulo, Capital — Março de 1978.

Caros Companheiros, Aprendizes e Discípulos de Jesus:

Após as providências já publicadas que visaram restabelecer a Fraternidade dos Discípulos de Jesus em suas primitivas condições espirituais, de organismo destinado a receber em suas fileiras os Aprendizes que se prepararam na Escola de Aprendizes do Evangelho, para os testemunhos cristãos no campo social, tarefa essa atribuída à referida Fraternidade pelo Plano Espiritual Superior no ato de sua criação, e a outorga de um regimento interno que, com clareza e justiça, definiu sua elevada posição dentro da Aliança Espírita Evangélica, a reunião de hoje assume o caráter de um remate feliz e auspicioso, de uma fraternização festiva entre todos nós, trabalhadores humildes do nosso plano e as hostes espirituais do Plano Maior, que, da mesma forma, certamente se alegram com este congraçamento de combatentes do Cristo Jesus.

Esta reunião, com este caráter, possui elevada significação e, certamente, influirá para que os erros do passado não sejam repetidos, sobretudo este de se permitir que as ovelhas do rebanho do Senhor se tresmalhassem e desaparecessem, após tantos anos de esforços conjugados nos dois planos, no sentido de sua formação e robustecimento; se conscientizassem e se unissem sob as vistas pacíficas e misericordiosas do Divino Pastor.

Esta reunião será, pois, o primeiro ato de um novo esforço de aglutinação, de união permanente e indissolúvel dos Discípulos, para a execução dos programas e das tarefas espirituais que hão de promover em nosso país, em espírito e verdade, a difusão dos ensinamentos do Divino Mestre, o conhecimento, a compreensão e, mais que tudo, a vivência dos ensinamentos para que triunfem no coração de todos e a todos impulsionem para uma vida mais perfeita, justa e evangelizada, nos dias finais deste ciclo evolutivo.

Basta de indiferenças, de desvios, de negligências, de perda de valores humanos preciosos, de ilusões e de sonhos, que não se efetivaram por falta de atendimento, de agasalho, de orientação, de aconchego moral e físico.

Podemos agora nos manter unidos, fortes, cheios de fé, determinados a levar avante os programas do Plano Espiritual para a evangelização do nosso país, em condições muito mais perfeitas, eficientes e construtivas até aqui, porque agora poderemos nos movimentar, não mais individualmente, mas em conjunto, como uma força poderosa ante a qual não haverá barreiras intransponíveis.

Com o auxílio jamais negado de nossos companheiros espirituais, nosso trabalho será vitorioso e, em tempo muito breve, a Fraternidade estará unida e fortemente concentrada em torno à sua própria direção, com seus planos de ação bem definidos, produzindo os frutos esperados pelo Divino Mestre, para o benefício dos necessitados de esclarecimentos e de encaminhamento espiritual, neste rincão predestinado que é o nosso país.

Nos Grupos Integrados da Aliança e onde quer que se estabeleçam Escolas de Aprendizes do Evangelho, que os Discípulos se unam e se voltem e prestigiem a direção geral, hipotecando-lhe seu inteiro e consciente apoio e confiança, para a execução dos programas e das tarefas que se tornarem necessárias; para que a Fraternidade, em pouco tempo, esteja consolidada, fortalecida e apta aos desenvolvimentos naturais de suas elevadas finalidades espirituais.

E podemos estar conscientes e certos de que no Plano Espiritual, na parte referente ao nosso país, sob a condução esclarecida e inspirada de Ismael, forças poderosas e sabiamente organizadas movimentam-se no mesmo sentido, valorizando enormemente nossos humildes esforços para que os ensinamentos de Jesus, o Cristo Planetário, nesta terra abençoada e bafejada pelo seu amor, tenham o mais completo êxito na seara do comum sacrifício.

47

Mensagem para a Reunião Anual da Aliança Espírita Evangélica, São Paulo, Capital — 1978.

Irmãos e Companheiros:

Como de costume, nesta reunião geral informativa e de reencontro pessoal, sobra-nos no coração alegria por vermos que continuamos todos juntos, animados dos mesmos elevados sentimentos de fraternal operosidade, ante as realizações espirituais, que são finalidade e compromisso da Aliança Espírita Evangélica, para a imperativa difusão do Evangelho de Jesus, em um esforço salutar e produtivo, que, na contagem espiritual, rende cento por um e se traduz em benefícios sem conta a necessitados, em geral, de compreensão, esclarecimento e encaminhamento redentor.

Trazemo-lhes no dia de hoje dois documentos que nos parecem dignos de meditação cuidadosa de sua parte, a saber: uma mensagem do irmão e diretor espiritual Bezerra, na qual alerta sobre a aproximação curta de um período mais difícil e trabalhoso, de cuidados e sacrifícios; e, outro, no qual traduzimos o desejo expresso pelo Alto de realizarmos novos aprimoramentos de conduta pessoal no esforço meritório da exemplificação e dos ensinamentos do Divino Mestre.

Rogamo-lhes que para estas mensagens dediquem especial atenção porque na realidade elas marcam novo ciclo de atividades da Aliança, como expressão que é da boa vontade e da elevação de sentimentos, em relação à vivência desses ensinamentos.

Nada de novo que não seja tão velho, mas sempre atual e presente, como esperança de maior apuramento de nossa Reforma Íntima, nos esforços a dispensar no campo coletivo, é o que pedem.

Estas mensagens já lhes foram hoje entregues pelo *O Trevo* e esperamos que por todos nós Dirigentes, Discípulos, Aprendizes e trabalhadores em geral, sejam transformadas em realidades ativas e benéficas, visando o bem dos nossos semelhantes.

No mesmo sentido de aperfeiçoar trabalho, aprimorar sentimentos e abrir campo para novas atividades construtivas, a Aliança apresenta hoje o Regimento Interno da Fraternidade dos Discípulos de Jesus com as alterações que a experiência demonstrou serem necessárias e úteis.

Com esta nova modalidade a Aliança oferece hoje aos membros da Fraternidade possibilidades renovadas de cooperação e de progresso evolutivo e dá-se-lhe a organização e a institucionalidade que não possuía e, ainda, a oportunidade de participação mais ativa e direta, como assessora, na direção da própria Aliança, da qual se tornará uma verdadeira e forte coluna de sustentação.

Assim ambas, Aliança e Fraternidade, se unem, se completam e se enriquecem de novas possibilidades de trabalho e de novas energias para as lutas árduas, mas engrandecedoras da difusão evangélica.

Temos esperança de que estas perspectivas desabrochem e se transformem em realidade em breve tempo, para maior glória e proveito dos ensinamentos de Jesus e da Doutrina dos Espíritos em nosso país e no mundo.

E que assim seja.

48

Mensagem para a Reunião da Fraternidade dos Discípulos de Jesus, São Paulo, Capital — Julho de 1979.

Meus Caros Amigos, Discípulos de Jesus:

Impossibilitados de comparecer como desejávamos a esta feliz oportunidade de aproximação e, mais que isso, de fraternização com os senhores, enviamos esta mensagem que lhes dirá, mesmo quando a distância, o que vai no velho coração, de alegria e de esperança, por saber do quanto esta reunião é importante para a consolidação definitiva da Aliança Evangélica e da própria Fraternidade à qual pertencemos todos, pois nela me registrei como Discípulo nº 1, em 1954, quando de sua inauguração.

Ao estabelecermos a Escola de Aprendizes do Evangelho e no ato de sua inauguração em 1950, na FEESP, numa antevisão do futuro, já nos preocupávamos com o destino das centenas de alunos matriculados naquela histórica primeira turma e, ao mesmo tempo, sentimos a esperança de viver o suficiente para podermos participar de reuniões fraternas e significativas como esta, quando os próprios Discípulos decidem o seu destino em plenitude de atividades, no seio da população desta grandiosa metrópole, que traz o nome do Apóstolo dos Gentios, e que, se é grande na extensão e nos valores materiais, maior ainda o é na parte que lhe cabe na destinação do próprio país, que as bênçãos de Jesus santificaram, ao transformá-la em futura Terra da Promissão.

Pois, justamente para esse destino nacional, é que é solicitada sua atenção, porque, quanto mais se tornarem dignos, na sua humilde investidura de Discípulo de Jesus, mais dignos se tornarão na gloriosa conquista espiritual da Terra, que, grandemente, influirá na vitória do Evangelho Cristão no mundo.

Nos terríveis embates a travar para assegurar a vitória da luz contra as trevas terão também concorrido, porque desta nossa nação símbolo poderosas forças espirituais se projetarão sobre o mundo, iluminando caminhos e corações, dando alento, fé e esperança às legiões que combatem sob o estandarte do Cordeiro, para a redenção da humanidade da qual fazemos parte.

As doenças físicas e os sofrimentos morais são poderosos auxílios que recebemos do Pai Criador para podermos resgatar nossos erros e prosseguir evoluindo.

Corre-nos, portanto, o dever de difundir esse conhecimento o mais que nos for possível, muito embora saibamos que uma grande maioria dos que nos ouvem deles discorda, vinculados como estão a meias verdades ou à crença de exterioridades, muito afastadas da essência evangélica, mas afins como interesse meramente humanos.

Mas não importa, cada qual deve realizar o seu trabalho, executar da melhor forma possível a sua parte, sem esmorecimentos ou desvios, para que inspire confiança e torne-se digno dos compromissos que assumiu ao receber a investidura de Discípulo de Jesus.

Cada um de nós deve ser um arauto autorizado do Divino Mestre, um testemunho vivo e um prolongamento do seu amor na Terra, para que possa distribuir por onde passa Sua Luz e Sua Paz, que revigoram todos nós diariamente na reunião das 22 horas, denominada pelo próprio Irmão Bezerra de vibração pelo Bem Universal.

Desejamos também deixar com todos nesta manhã, como lembrança desta reunião feliz, uma imagem do que é a Casa de Bezerra no Espaço, com a qual devemos manter estrito e fiel relacionamento de trabalho, para que nossas tarefas possam realizar-se com mais segurança e produtividade, sabendo-nos, apoiados como estamos, pela cobertura espiritual que dessa Casa nos vem.

Eis a descrição sucinta dessa Organização Espiritual:

CASA DE BEZERRA, NO ESPAÇO — CENTRO DE ATIVIDADES BENFEITORAS.

Enquanto se iniciava em nosso plano a organização da FEESP, a partir de 1940, organizava-se no Espaço uma sede de apoio e orientação dirigida pelo irmão Bezerra de Menezes, que, na distribuição de responsabilidades havida na ocasião, recebia a tarefa de Diretor Espiritual da Casa.

A sede do Espaço, em descrição feita em 1958 por ele mesmo, e que não sofre alterações de vulto, era circundada por vários prédios pertencentes a Agremiações e Fraternidades ligadas ao movimento espírita, já, de algum modo, intenso e harmonioso, nessa época, em nosso Estado.

Atualmente, nessa sede, que ficava sobre a FEESP e agora se estende cobrindo também a Aliança Espírita Evangélica, encontra-se o setor administrativo do conjunto, que ocupa quatro pavimentos, edificados sobre uma área de mais de 5 mil metros quadrados, como passamos a descrever:

1º Pavimento

Pela necessidade de entrosamento do trabalho comum, instalam-se aqui os departamentos administrativos das referidas agremiações e fraternidades, cada uma com os seus respectivos órgãos direcionais.

2º Pavimento

Neste pavimento encontram-se os fichários dos freqüentadores das casas materiais. Para cada irmão encarnado que a busca, levado, na maioria das vezes, por amigos e conhecidos desejosos de cooperação, faz-se uma ficha completa, da qual constam as dificuldades a vencer e o auxílio que podem receber em face da Lei do Carma.

Não havendo no Espaço os entraves burocráticos próprios do plano material, os necessitados são atendidos com rapidez e igualdade e, conforme o caso de cada um, são encaminhados, nas Casas, aos trabalhos assistenciais de que careçam.

Nesse mesmo 2° Pavimento estão os fichários dos colaboradores encarnados ligados aos trabalhos das Casas.

O atendimento destes colaboradores, na sede do Espaço, obedece a uma rotina diferente: em noites determinadas, em cada setor de tarefa, são eles recebidos em visitas obrigatórias mensais, que fazem para marcar em fichas que lhes são apresentadas na hora, sua própria produção, tanto no que concerne aos serviços em si mesmos que já executaram, como aos progressos obtidos na Reforma Íntima, havendo muito rigor na apuração destes dados.

Após as devidas anotações, as fichas são levadas aos encarregados de fazerem o balanço dos resultados globais que são, habitualmente, deficitários.

Ao tomarem conhecimento desses déficits, os trabalhadores terão de se esforçar para cobri-los, não havendo outra alternativa senão esta: saldar essas falhas, ou vê-las crescer continuamente, por negligência pessoal, porque esse esforço depende deles próprios, exclusivamente.

Tudo nessas fichas é pesado, medido e assentado, porque, o que se espera de cada um são resultados progressivamente melhores, caso desejem realmente realizar suas tarefas evangélicas e cumprir os compromissos que assumiram consigo mesmos, ou com o Plano Espiritual antes de encarnarem.

Neste mesmo 2° Pavimento existem os fichários dos Aprendizes do Evangelho, nos quais os Instrutores Espirituais depositam todo o carinho e muita esperança, sobretudo pelo fato de terem vindo espontaneamente, e como Discípulos do Divino

Mestre, lutarem pela difusão e a exemplificação dos Seus ensinamentos redentores na Terra.

As atividades dos Aprendizes, nos diferentes graus estabelecidos pela Escola, são anotadas com a maior atenção, mormente no que se refere aos esforços da Reforma Íntima, para que atinjam as metas fixadas nessa iniciação e se transformem em verdadeiros Discípulos sinceros, devotados, conscientes do muito que podem realizar por si mesmos, como unidades espirituais vivas, na vitória do Bem, sob a condução de Jesus, o Cristo Planetário.

Ao ingressarem os Aprendizes na Escola, são convocados ao Departamento Administrativo da Casa do Espaço os Espíritos que os acompanham desde o nascimento, como protetores ou guias, que ali recebem todo o apoio possível na jornada espiritual que escolheram.

Isto não significa, é evidente, que haja sucesso completo para todos, pois que, segundo a maneira de agir de cada um, os Aprendizes ou prosseguem triunfantes até o fim da jornada, engrandecendo-se dia-a-dia aos olhos do Divino Mestre, ou estacionam na morbidez do personalismo, desviando seus rumos, havendo casos em que até mesmo, ingloriamente, abandonam o campo da luta, com imprevisíveis mas sempre funestas conseqüências para seu futuro espiritual.

Nessa Escola de Aprendizes, quando se realizam os exames espirituais periódicos e obrigatórios, as fichas individuais de cada um já se encontram preenchidas e em dia, com as respectivas classificações e julgamentos, cabendo aos médiuns que ali servem unicamente receberem e transmitirem, com a devida fidelidade, os dados que lhes forem passados pelos Instrutores Espirituais encarregados desse trabalho.

É bom também revelar que apenas alcançam os Servidores o grau máximo dessa preciosa iniciação, como Discípulos de Jesus, e ingressam na Fraternidade do mesmo nome; cessam os auxílios que recebiam como Aprendizes, porque, a essa data, já deverão eles estar plenamente conscientes de suas responsabilidades pessoais e do dever de se colocarem à altura da sua nova situação, fazendo jus a ela, iniciando programas próprios de ação no campo evangélico, em suas variadas e dignificantes atividades.

Aquele que assim não procede continua membro da Fraternidade, como inativo no plano material, e sua ficha é retirada do fichário da Casa do Espaço, sendo o lugar ocupado por outro elemento de maior boa vontade, pois que o Evangelho é ação constante e sempre construtiva no serviço do Bem, onde quer que o Discípulo se encontre.

A Escola de Médiuns recebe idênticas atenções e carinho, porém, e infelizmente, este é ainda um setor muito instável, diariamente procurado por muitos e abandonado, sobretudo, porque, não conseguindo logo o seu intento de desenvolvimento de faculdades, os médiuns esmorecem ante os obstáculos que vão surgindo, tornando assim seus esforços mais pesados, esquecendo-se, infelizmente, de que tanto maior será o mérito na execução das tarefas, quanto maior for a dedicação que a elas consagram, a perseverança no vencer as dificuldades, no manterem a fé e a fidelidade aos compromissos assumidos, sejam quais forem os sacrifícios a fazer, os testemunhos a dar, nos altos e baixos da própria tarefa.

3º Pavimento

Este Pavimento é destinado a conferências e exortações evangélicas para assembléias de Espíritos encarnados, previamente selecionados, e que assim, no abandono do corpo físico durante o sono, privam com as entidades maiores, em palestras agradáveis e instrutivas, donde saem fortalecidos e estimulados para o Bem.

4º Pavimento

Aqui se localizam os mais variados centros de estudos psiquiátricos, não somente para os freqüentadores das Casas materiais como também para trabalhadores espiritualmente selecionados, que recebem o amparo, o estímulo e os esclarecimentos necessários ao prosseguimento de suas meritórias tarefas espirituais na Terra.

Os demais prédios que circundam a sede do Espaço são todos de auxílio direto aos encarnados, com locais separados para estudos, cursos especializados e diferentes trabalhos, como, por exemplo: na Fraternidade dos Filhos do Deserto está concentrado o atendimento das perturbações espirituais que, numa época como a que vivemos hoje, multiplicam-se várias vezes, por toda parte, pelo desdobramento dos trabalhos de natureza inferior e negativa. Junto à Fraternidade da Rosa Mística de Nazaré, além de inúmeros outros trabalhos, encontra-se o auxílio a crianças e a gestantes, sob a direção de nossa Irmã Meimei, e assim por diante.

Eis aqui, em forte resumo, o que representa o organismo sideral que denominamos Casa de Bezerra do Espaço que, como se vê, ampara, sustenta e orienta as atividades espirituais nos numerosos grupos de abnegados Servidores do Divino Mestre, que por todos vela e a todos distribui as dádivas do seu imenso amor.

Nenhum de nós, pois, está sozinho no esforço ingente da autopreparação pela Reforma Íntima, como na execução das dignificantes tarefas que, como Discípulos, desenvolvemos na Terra em benefício de nossos semelhantes.

Mesmo nas horas de maiores embaraços ou dificuldades, tão comuns na vida, basta que levantemos as mãos — como diz nosso Irmão Maior, Bezerra — para que um amigo espiritual se ponha ao nosso lado, para nos ajudar a levar avante nossas tarefas espirituais.

Câmara de Passes

Aproveitamos esta oportunidade feliz para revelarmos os conceitos elogiosos do mesmo Irmão Maior sobre esta modalidade de atendimento que denominamos Câmara de Passes na organização da referida Federação.

Diz ele: "ligados ao nosso Departamento de Auxílio, em nosso hospital da Casa do Espaço, mantemos uma equipe especializada de trabalhadores de boa vontade, que se substituem em três plantões, junto ao trabalho magnífico que é o da Câmara de Passes, uma espécie de pronto-socorro espiritual, inspiradamente estabelecido em suas Casas.

Serviço diligente, que requer ampla rede de auxílio, ali são feitos tratamentos psíquicos aos detentores de perturbações espirituais, aliás, em grande número, tratamento de portadores de moléstias físicas, principalmente através da água que ingerem, à qual acrescentamos as poções, preparadas na hora, com elementos da Natureza e minerais provindos do mar.

Comove também o trabalho dedicado de irmãs nossas de nosso plano, cujos corações, repletos de amor, se debruçam sobre os freqüentadores da Câmara, que soluçam premidos pelas dores morais e os problemas angustiantes.

Centenas de atos desvairados deixam de ser praticados pelos irmãos que procuram esse pedacinho do céu que suas Casas contêm."

Caros Amigos,

Estamos às vésperas de grandes transformações na vida espiritual do planeta e o Plano Maior em tempo muito breve vai fornecer instruções a respeito, dirigidas àqueles trabalhadores julgados aptos a cumpri-las.

Nessa nova movimentação é fácil compreender que a evangelização seja o elevado processo de selecionamento, e a colaboração dos Discípulos de Jesus certamente será posta como elemento com o qual se poderá contar para estas realizações de elevada significação evolutiva.

Mas como evangelizar em tempos tão curtos Espíritos que não sentem ainda as causas de seus males? Pois, justamente a constatação dessa verdade é que nos levou a criar a Escola de Aprendizes do Evangelho e a Fraternidade dos Discípulos de Jesus em 1950, cujas estruturas, regras e programas, seguidos com fidelidade e amor e amplamente apoiados pelas Entidades do Plano Espiritual, possuem condições para empolgar os homens, sobretudo a juventude desta nossa Terra da Promissão, podendo tomar sobre os ombros a tarefa transcendente da renovação espiritual da humanidade e assegurar o triunfo do Evangelho de Jesus no mundo.

Ouçamos o que diz o Instrutor Espiritual: "Quando a luz não puder mais ser velada pelas falsas concepções humanas, os homens acordarão em plena vigência dos acontecimentos apocalípticos".

E continua: "Os circos romanos do Cristianismo Primitivo serão agora suplantados em seus horrores pela provação apocalíptica do final dos tempos, e as conseqüências de tal hecatombe serão comparáveis a uma aleluia sobre a Terra. Mas, finalmente, a palavra mágica do Cristo será então ouvida e assimilada em espírito e verdade e nem um só dos Espíritos que participaram da reabilitação da Verdade deixará de sentir-se mergulhado em bem-aventuranças intraduzíveis."

E acrescenta: "É chegada, pois, a hora das grandes renovações. Dai, portanto, o testemunho de fidelidade ao Bem e ao Mestre para que vosso Espírito possa redimir-se e lançar-se com alegria no seio da Eternidade."

Ouvido assim o Plano Espiritual Maior, deixo-lhes aqui meus sinceros votos de pleno êxito nas tarefas evangélicas que nos cabe realizar e que os levarão a transpor a porta estreita, Caminho do Reino que o Divino Mestre oferece a todos aqueles que vencem o mundo, vencendo a si mesmos, evangelizando-se. E, como Discípulos, que O amamos, faremos a jornada que nos está pela frente, conduzidos pelas Suas próprias mãos.

E que assim seja!

49

Mensagem para o 1º Aniversário do Grupo Espírita Operários da Espiritualidade de Brasília — 1980.

Caros companheiros:

Julgo feliz este ensejo de aniversário para poder dirigir-lhes algumas palavras de apoio e estímulo. Congratulo-me com todos pela data, que é auspiciosa em todos os sentidos, mas, sobretudo, porque demonstra que existe entre os senhores decisão firme de vencer a tarefa que apenas se inicia.

Os esforços dos primeiros dias na formação de uma Casa Espírita são sempre os mais difíceis mas, também, os mais esclarecedores, por demonstrarem o valor dos pioneiros e indicarem se há ou não sinceridade de propósitos e desejo sincero de lutar e prosseguir visando as metas iniciais.

Para estimular esses primeiros passos é que o Divino Mestre declarou que "quando se reunirem dois ou três em seu nome Ele estaria presente" com eles; e para se manter essa divina presença basta que se cumpram as regras e os ensinamentos que nos deixou como herança.

Portanto quando realizarem seus esforços de preparação para serem Discípulos, na certa que receberão em plenitude os estímulos e as bênçãos santificantes que vêm de Seu coração.

Nestes dias difíceis que vivemos, quando se multiplicam por toda parte divergências, hostilidades, decepções e incertezas sobre o futuro do próprio planeta que habitamos, é para nós realmente uma enorme segurança saber e sentir que estamos amparados por Ele nas nossas fraquezas, iluminadas as nossas mentes e dulcificados nossos corações pelo amor e pela força da Entidade que nos conduz e que nos dará todo apoio de que necessitarmos para os testemunhos, no desempenho da tarefa espiritual, como Servidores e Discípulos.

Executem, pois, com tranqüila confiança e segurança, a preparação pela qual tenham de passar para se tornarem úteis aos nossos semelhantes, após a Reforma Íntima e a evangelização, que de todos serão exigidas e sem as quais nenhuma obra valiosa e perdurável pode ser realizada no campo da vida espiritual.

Os dias que vivemos e as perspectivas que defrontamos são temerosas e sinistras, mas aqueles que têm como condutor o próprio Mestre sabem como devem agir e nada temer. Sabem que esta feliz oportunidade de devotamento e sacrifício são luzes que vão se acendendo em seus caminhos e que a difusão dos ensinamentos e seu testemunho são a própria regra da vivência, a única que abre as portas dos reinos espirituais superiores e transformam o esforço e o sacrifício em felicidade e alegria. Prossigam, pois, os caros companheiros na sua rota sem temores, certos como devem estar de que o Chefe que nos conduz a todos não pertence a este mundo inferior onde lavram, proliferam e vencem mais facilmente os valores negativos e efêmeros da vida material.

Que haja pois fortaleza em seus Espíritos, perseverança e fé inquebrantável no êxito da tarefa que estão iniciando agora.

E que assim seja.

50

Reunião anual da FDJ, São Paulo, Capital — 22 de junho de 1980.

Caros Discípulos de Jesus:

Na destinação espiritual desta Fraternidade, de vir a tornar-se um dos sustentáculos do Espiritismo em nosso Estado e no País, já possuímos um passado de 26 anos a relembrar, e importante é verificar que apreciável evolução para melhor já se deu na movimentação espírita em nosso Estado, sobretudo no dinamismo da ação, no entendimento e no modo de difundir a Doutrina.

A primeira turma desta Fraternidade, constituída em 4 de março de 1954, recebeu os Servidores que inauguraram a Escola de Aprendizes do Evangelho em 6 de maio de 1950, empolgados e felizes ante as perspectivas místicas da espiritualização, iniciativa a realizar.

Desde então o tempo vem passando, as experiências se acumulando, os resultados previstos se alcançando, mas, para muitos grande parte das lembranças se apagaram, porque os Discípulos esqueceram que esta Fraternidade não é teórica e significa amor e união, em pensamento, sentimento e ação permanentes.

Desde então milhares de outros foram sendo formados, passando pelas mesmas emoções do início, os mesmos esforços da Reforma Íntima, a alegria da passagem a Discípulos, e outros muitos continuam a vir hoje, com os corações animados dos mesmos sentimentos e esperanças, formando turmas que se sucedem numerosas.

Mas onde estão eles agora? Que fizeram neste largo período de tempo? Como cumpriram os compromissos assumidos com o Divino Mestre e consigo mesmos?

Sabemos do destino e das obras de muitos que, nas casas

espíritas, se devotam aos testemunhos evangélicos, mas tudo ignoramos a respeito dos demais, onde estão, como vivem, que trabalho realizam, se obtiveram êxito ou desistiram e fracassaram nas tarefas edificantes que lhes cabia realizar. E como, pois, deixar no esquecimento esses irmãos, ignorando o que se passa com eles, talvez carentes de novo auxílio e orientação?

Lembramo-nos da parábola da ovelha perdida e de como o pastor solícito sai procurando-a até que a encontra.

Pois bem, companheiros, estas reuniões da Fraternidade que a Aliança Espírita Evangélica promove anualmente, movida pela esperança de unir os presentes e fraternizá-los, visam também dar resposta a estas interrogações que se avolumam na mente daqueles que estão unidos, mãos laboriosas e firmes nos arados, que dia-a-dia semeiam na seara abençoada do Divino Mestre, com sinceridade e devotamento, as sementes do amor e da esperança de uma vida melhor no futuro.

Visam estas reuniões justamente a fraternização efetiva de todos, presentes e ausentes, e valem também como toques de reunir, como chamamentos e apelos para que marchem juntos, à sombra alentadora da bandeira do Mestre, na solidariedade própria dos que são irmãos espirituais, destinados às mesmas alegrias do futuro próximo.

Numa hora destas, transcendente e perigosa, como poderemos viver e cumprir compromissos coletivos, como são os do Evangelho Cristão, atingir as metas espirituais prefixadas, permanecendo dispersos ignorados uns dos outros, frente ao mundo desorientado e violento, às vésperas dos acontecimentos dolorosos e emocionantes deste fim de ciclo evolutivo, para os quais os Discípulos justamente foram preparados e consagrados pelo Alto?

É velho o refrão que diz que a união faz a força, pois justamente para essa união promissora é que esta Fraternidade foi criada e constituída, mas agora todos podem ver que não basta ser Discípulo nominal e corre-lhes o dever de provarem que são dignos da investidura. Como também não basta somente ligarem-se ao Mestre nas preces diárias, no agasalho aquecedor dos lares domésticos, não o estando também no trabalho, nos esforços da luta e nos testemunhos pessoais e coletivos, que mais difíceis se tornam e menos valiosos nos resultados que poderão apresentar se estiverem todos juntos, trabalhando em comum, auxiliando-se reciprocamente.

Por isso é que o Mestre, ao seu tempo entre nós, pedia aos que O seguiam que não se deixassem dominar pelo mundo ilusório, que se unissem fortemente, somando esforços, para os sacrifícios que lhes seriam exigidos na propagação da Boa Nova salvadora, a ser levada a todas as partes na sua elevada significação de fraternidade e de amor universal.

Por isso Ele recomendou que pelo muito que se amassem uns aos outros se conheceria que realmente eram seus discípulos. E quando sobre estes se desencadeou a perseguição clerical e política, a noção destas responsabilidades e o amor que os unia foram as forças que permitiram o arroteamento do solo para as primeiras semeaduras cristãs, cujos frutos até hoje estamos colhendo e cujos replantes e colheitas nos cabe agora realizar, como continuadores da mesma obra dignificante.

Estamos, pois, na hora exata em que cada Discípulo deve afirmar quem é, não platonicamente, mas com atos e devotamento, para que não seja um discípulo que nega o Mestre.

Tiveram todos o mesmo ponto de partida e a mesma preparação na Escola de Aprendizes, visando os mesmos objetivos, dentro de uma cobertura espiritual que lhes é, até hoje, de amor e segurança. Que falta, pois, que se procurem, se unam e realizem com desdobrado proveito as tarefas que são de todos?

O pensamento fundamental dos Discípulos deve ser o de unir-se aos companheiros para cooperarem com Jesus na sua tarefa de redenção da humanidade da qual fazemos parte agora. Sua vontade deve ser a mesma do Mestre, que dizia: "Eu e meu Pai somos um e faço a sua vontade". Exatamente como nas preces de todos os dias o repetimos dizendo: "seja feita a tua vontade assim na terra como no céu."

Não havendo, pois, nada que separe e tudo havendo que exige união pelo amor e fidelidade ao Mestre, nenhuma vacilação, salvo coisas do mundo ilusório, pode deter o Discípulo nesse esforço e na decisão firme e definitiva de cumprir com o seu dever espiritual.

Assim, pois, para aqueles, porventura ainda vacilantes, nas decisões da conduta, sugerimos as três alternativas seguintes:

a) juntarem-se aos companheiros que operam nas Seções Dependentes da Fraternidade, existentes nos Grupos Integrados à Aliança;

b) formarem grupos de trabalho próprio, com companheiros que estejam nas mesmas condições de inatividade e solicitarem integração na Aliança, subordinando-se aos programas em vigor;

c) no mínimo, pessoalmente ou por escrito, identificarem-se na sede da Aliança ou dos Grupos Integrados, indicando não serem membros inativos, afastados, mas presentes e prontos para a cooperação que lhes for solicitada.

Tudo, pois, é possível, menos que, após tantos sacrifícios e boas intenções iniciais, permaneçam afastados, inativos ou indiferentes aos compromissos que assumiram por livre vontade perante Jesus e a própria consciência ao se matricularem na Escola de Aprendizes do Evangelho.

Se Deus que é o Senhor e Criador de tudo o quanto existe e a quem glorificamos como Nosso Pai; e se Jesus, mesmo sendo quem é, se qualifica como nosso Irmão Maior e Condutor, como então nós, pobres mortais, carregados ainda de tanta inferioridade, desprezamos a oportunidade transcendente e feliz que nos foi concedida de apressarmos definitivamente nossa evolução, não nos congregamos sem a menor vacilação, mas com perfeita humildade, nas hostes salvadoras do Mestre? Todos juntos, em pensamento, coração e vontade, ao seu serviço, no amanho cuidadoso de sua santa seara e nos testemunhos do seu Evangelho redentor?

Julgamos que todo Discípulo sabe que tanto esta Fraternidade com a Aliança Espírita Evangélica, sem diminuição de qualquer outra instituição merecedora, são esteios, colunas sólidas, firmemente fincadas no solo do nosso querido país e a todos nós, trabalhadores fiéis e responsáveis, cabe sustentá-las, mantê-las inabaláveis e íntegras em benefício da própria Doutrina que abraçamos e do nosso próprio êxito na trajetória evolutiva individual.

De pé, pois, companheiros e irmãos, para o cumprimento das tarefas que estão à nossa espera, servindo ao próximo para servir ao Mestre na sua transcendente tarefa redentora da humanidade à qual pertencemos; e podemos estar certos de que o coração do Mestre se rejubilará com a presença de todo o rebanho no seu redil e a todos abençoará cobrindo-os com seu imenso e desvelado amor.

E que assim seja.